M. A. SOUPIOS, PH,D., es profesor de filosofía política en Long Island University desde hace más de 30 años. Tiene cuatro doctorados y ocho grados universitarios.

PANOS MOURDOUKOUTAS, PH,D., es profesor de economía en Long Island University, y colaborador en publicaciones como *The New York Times*, *The Japan Times* y *Newsday*.

Juntos han publicado con anterioridad *The Ten Golden Rules*.

M. A. Soupios
Panos Mourdoukoutas

Las 10 reglas de oro del liderazgo

Sabiduría clásica para líderes modernos

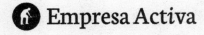 Empresa Activa

Argentina – Chile – Colombia – España
Estados Unidos – México – Perú – Uruguay – Venezuela

Título original: *The Ten Golden Rules of Leadership – Classical Wisdom for Modern Leaders*
Editor original: Amacon, American Management Association, New York
Traducción: María Isabel Merino Sánchez

1.ª edición Mayo 2015

ISBN: 978-84-92921-24-9
E-ISBN: 978-84-9944-858-9

Fotocomposición: Moelmo, SCP

Impreso en España – *Printed in Spain*

Para todos aquellos con el **valor,** la **integridad** y la **inteligencia** necesarios para conocerse a sí mismos.

Índice

Prefacio

Bajo sus muchas formas, medidas y estilos, «liderazgo» se ha convertido en una palabra de moda relevante para casi cada faceta de la vida moderna. En política, las exigencias de la globalización, el lentísimo crecimiento económico, la explosiva deuda soberana, etcétera, han creado problemas para las políticas públicas que sólo los auténticos líderes pueden resolver. En la empresa, los avances tecnológicos continúan redefiniendo rápidamente todos los aspectos del mundo corporativo de maneras que exigen ideas nuevas y visionarias, la clase de ideas que sólo puede proporcionar un auténtico liderazgo. En la educación, una población estudiantil en declive, unos costes disparados y nuevas metodologías pedagógicas someten a los gestores de colegios y universidades a unas exigencias sin precedentes a las que sólo aquellos con más talento podrán responder.

En estas circunstancias, no puede sorprendernos que haya surgido una industria casera en torno al tema del liderazgo. Aunque sigue habiendo quienes piensan que los líderes poseen unos atributos innatos que no se pueden enseñar, una amplia mayoría cree que una mezcla bien concebida de conocimientos técnicos, experiencia laboral en el mundo real y técnicas de gestión personales pueden dar como resultado un líder eficaz.

Aunque es innegable que factores como la competencia profesional y una experiencia laboral significativa son aspectos importantes del historial de un líder, hay otra variable que aquellos involucrados en el debate del liderazgo suelen desatender. Entraña una visión amplia de la condición humana, lo que podríamos llamar una «filosofía de vida». La premisa de este libro es que se puede encontrar el origen del rasgo distintivo clave de un auténtico líder en una visión del mundo fundada filosóficamente, y que la antigua tradición clásica es una fuente rica y valiosa de esos conocimientos.

Los autores defienden esta posición porque entienden que la virtud de la indagación filosófica es una necesidad intemporal, tan valiosa hoy como lo era hace 2.500 años.

Introducción

*El auténtico liderazgo empieza
con una filosofía de la vida*

Existen pocas dudas de que muchos de los problemas que afligen a la sociedad moderna tienen su origen en una extraordinaria penuria de liderazgo. En la política, la empresa, la educación y muchísimos otros campos, se nos recuerda constantemente la ineptitud de los que están al mando. En algunos casos, las deficiencias se originan en una falta de pericia o experiencia técnicas. Hay, por ejemplo, ocasiones en que las políticas de la vida administrativa permiten el ascenso de personas no cualificadas; la victoria de la astucia frente a la aptitud no es, de ningún modo, rara. Por añadidura, parece haber un gran número de ejecutivos que, a pesar de unas credenciales técnicas y empíricas impresionantes, son, sin embargo, incapaces de ejercer un auténtico liderazgo. Aquí es posible que el problema resida en una falta de conocimientos más profundos y amplios, esa clase de conocimientos que no confiere sólo la destreza técnica: la capacidad para ver el panorama completo, conectar con miembros de la organización, promover un ambiente de trabajo productivo y significativo y gobernar la nave corporativa a través de los retos que plantean unas nuevas tecnologías y unos mercados muy competitivos.

Este problema nos obliga a reconsiderar varias de las «vacas sagradas» que han dominado la teoría del liderazgo en los últimos años. La primera es la idea de que casi cualquiera puede convertirse en líder. De alguna manera, la opinión generalizada da por

13

sentado que la materia prima del liderazgo está latente en casi todo el mundo y que sólo es necesario un empujoncito para hacer que se desarrolle. En este volumen defendemos que opiniones como esta están muy equivocadas y que las cualidades especiales del auténtico liderazgo son notablemente complejas e infrecuentes. Además, creemos que una gran parte de la confusión existente en este punto se deriva de que no se distingue entre la mera administración y el verdadero liderazgo. Es posible que un gestor eficaz sea capaz de cumplir, de forma habitual, los plazos establecidos y de evaluar competentemente los presupuestos, pero estos talentos no confirman en modo alguno la capacidad de liderazgo. En pocas palabras, liderazgo no es lo mismo que administración. El primero entraña una serie de conocimientos y cualidades que son categóricamente distintos de la ejecución rutinaria de los asuntos administrativos diarios.

Una segunda vaca sagrada que merece que la jubilen es la idea de que el liderazgo se puede «manufacturar» siguiendo una serie de pasos fácilmente identificables. Los defensores de esta forma de ver el liderazgo, propia de un «libro de recetas», quieren que creamos que con sólo una cucharadita de esto y media taza de aquello, abracadabra, ya hemos creado al próximo magnate de la industria. ¿Puede extrañarnos que haya crisis de liderazgo en esta cultura? La cuestión es que ni un MBA por Harvard ni años de participar en seminarios de gestión pueden, en modo alguno, garantizar la capacidad de liderazgo. Para decirlo sin rodeos, un auténtico líder no es como un conejo que está esperando a que lo saquen de la chistera.

Así pues, ¿qué hemos de hacer para llegar a un liderazgo legítimo? ¿Cuáles son los pasos necesarios que pueden llevar a hombres y mujeres a gobernar sus ambientes de trabajo con visión y propósito? Para empezar, ofrecemos una definición clara del término «liderazgo» que diferencia nuestra interpretación de las opiniones improvisadas que, con demasiada frecuencia, distorsionan el sentido de la palabra. Los autores suponen que el liderazgo es un compuesto poco común de habilidad, experiencia y madurados puntos de vista personales. Es, por supuesto, el último de estos elementos el que distingue al auténtico líder de aquellos que se limitan a «llevar» una organización. Un punto de vista maduro es un ingrediente esencial en los esfuerzos de un líder por crear y ejecutar una visión corporativa sólida. Los auténticos líderes, personas como Bill Gates y Steve Jobs, ven las cosas con mayor rapidez que el ejecutivo típico. Por lo menos en parte, sus ideas son el reflejo de una claridad «interior» que les permite concentrarse más plenamente en los problemas que están a la vuelta de la esquina.

Por esta razón, el liderazgo no es una cuestión de «números», y es improbable que los que no han conseguido comprender las sutilezas motivadoras de su propia vida alcancen el estatus de «líder». Por decirlo sencillamente, sólo aquellos hombres y mujeres que han cultivado una filosofía de la vida cuidadosamente concebida están listos y son capaces de exhibir la clase de maestría en el lugar de trabajo sugerida por el término «líder». Para algunos, invocar el término «filosofía» en este contexto puede parecer extrañamente fuera de lugar. En cierta medida, todos hemos sido condicionados para creer que la filosofía es, en el mejor de los casos, una especie de noble pereza, un ejercicio especulativo carente de un beneficio concreto. Sin embargo, podría ser que muchos de los fracasos e ineficiencias de que están plagados nuestros ambientes directivos estén relacionados, en última instancia, con una idea inadecuada de lo que la filosofía puede ofrecer.

Es esta la razón de que ofrezcamos una serie de ideas antiguas propuestas por algunos de los mayores pensadores de la antigüedad; hombres como Aristóteles, Hesíodo, Sófocles, Heráclito y otros. Al hacerlo, reconocemos la premisa establecida en *La Re-*

pública, donde Platón observa que la falta de utilidad de la filoso-fía es un mito favorecido por los que no logran comprender su mayor utilidad. Estamos de acuerdo con la opinión de Platón. En consecuencia, sostenemos que hasta el momento en que los direc-tivos se conviertan en filósofos o los filósofos se conviertan en directivos, es improbable que experimentemos algún alivio signi-ficado de las consecuencias debilitadoras del seudoliderazgo.

- ◆ Liderazgo no es lo mismo que administración.
- ◆ Las especiales cualidades del liderazgo son complejas y poco comunes. No todos pueden ser líderes.
- ◆ El liderazgo no se puede fabricar fácilmente. No es el resul-tado de simples fórmulas o reglas.
- ◆ El liderazgo exige habilidad, experiencia y un punto de vis-ta personal maduro respecto a los matices y complejidades de la vida.
- ◆ Sólo los hombres y mujeres que han cultivado una filosofía de la vida cuidadosamente concebida son capaces de ejer-cer un auténtico liderazgo.

Advertimos al lector desde el principio de que no ofrecemos este libro como una especie de «bala de plata» que dotará mági-camente a los que lo consulten de las cualidades y virtudes de un líder. ¡Ojalá superar los retos del liderazgo fuera algo tan fácil de conseguir! No, el camino al auténtico liderazgo es largo y empi-nado, y no es algo que se pueda lograr uniendo, simplemente, una serie de puntos de dudosa prescripción. Por lo tanto, nuestro pro-pósito es elevar y ampliar la perspectiva, fomentar un espíritu de autoexamen crítico y alentar esas actitudes atrevidas y nada con-vencionales que distinguen de forma única al líder probado.

En los capítulos siguientes, la filosofía del líder está codificada en diez sencillas reglas:

Regla nº 1 Conócete a ti mismo
Regla nº 2 El poder desenmascara a la persona
Regla nº 3 Nutre a la comunidad en el lugar de trabajo
Regla nº 4 No malgastes tu energía en cosas que no
puedes cambiar
Regla nº 5 Abraza siempre la verdad
Regla nº 6 Deja que la competencia revele el talento
Regla nº 7 Vive de acuerdo a un código superior
Regla nº 8 Evalúa siempre la información con ojo crítico
Regla nº 9 Nunca subestimes el poder de la integridad
personal
Regla nº 10 El carácter es el destino

17

REGLA Nº 1

«Conócete a ti mismo.»
TALES DE MILETO

No cabe duda de que el conocimiento es un rasgo indispensable del liderazgo. Entre otras cosas, es un componente esencial para encarar los muchos problemas a los que se enfrentan habitualmente los líderes. Por consiguiente, los líderes políticos afirman saber cómo dirigir una nación, los líderes educacionales afirman disponer de conocimientos que preparan a los estudiantes para el mundo después de la universidad, y los líderes empresariales afirman tener el saber y los conocimientos prácticos para crear productos y servicios que pueden mejorar y enriquecer la vida de la gente (premiando, en el proceso, a las partes corporativas interesadas). Pero deberíamos observar que hay dos tipos de conocimientos: la información factual que se puede adquirir mediante una educación formal y las prácticas del mundo real y el conocimiento de nuestro propio mundo «interior». Es esta segunda categoría la que establece de forma exclusiva el estándar del auténtico liderazgo.

«Conócete a ti mismo.» Comprende tu mundo interior, tus luces y sombras, tus puntos fuertes y débiles. La comprensión de uno mismo es una condición previa fundamental, necesaria para el auténtico liderazgo.

En el siglo VI a.C., Tales, uno de los Siete Sabios de la Antigua Grecia, formuló el famoso aforismo «conócete a ti mismo». Esta idea de autoindagación como rasgo obligado de una vida bien vivida alcanzó un estatus proverbial entre los griegos. De hecho, se la juzgó merecedora de una inscripción en el muro del templo de Apolo en Delfos. Todos los proverbios basados en una gran sabiduría, como este, tienen una cosa en común, con independencia del momento y el lugar en que se formularon: nos alientan a practicar una conducta exigente y fuera de lo común, pero que, a pesar de ello, ofrece la promesa de una gran recompensa. Las enseñanzas de Tales son una ilustración clásica de este aspecto.

Llegar a «conocerse a sí mismo» en el sentido moderno de la frase es una tarea de una inmensa dificultad por varias razones. Para empezar, el mundo moderno ofrece una serie interminable de ocupaciones triviales que alientan una existencia superficial, no analítica. Incluso para los inclinados a buscar un sentido y una comprensión más profundos, el volumen de distracciones es tal que muy pocos consiguen entregarse a nada que se acerque a un programa significativo de autointerrogación.

En segundo lugar, están las barreras psicológicas que todos tendemos a erigir con la intención de protegernos los ojos del agresivo fulgor de unas verdades molestas. Este obstáculo para la comprensión de uno mismo es mucho más formidable que las muchas tentaciones que, para distraer nuestra atención, nos ofrece la sociedad. Aquí hablamos de una poderosa tendencia a oscurecer, distorsionar y novelar en favor de una realidad inventada. El fracaso en eliminar estos obstáculos hace que resulte imposible formar un juicio de uno mismo. Por añadidura, los que fallan en este sentido nunca dominarán las intuiciones y percepciones necesarias para el auténtico liderazgo. Por lo tanto, es esencial que el que aspire a ser líder se obligue a someterse a un enérgico programa de autocuestionamiento, porque las distorsiones más letales no surgen de labios de nuestros oponentes o competidores. Por el contrario, tienden a manar de nuestro propio corazón.

En tercer lugar, los humanos somos, por naturaleza, hedonistas; buscadores de placer que, de forma instintiva, perseguimos la facilidad y el confort por encima de los problemas y el dolor. Aquí es preciso decir unas palabras respecto a la cuestión de la verdad. La Biblia nos dice que la verdad nos hará libres. Sin duda, en cierto sentido, puede que este sea el caso, pero también lo es que la verdad no es algo fácil de obtener; en particular, cuando se trata de comprender quién y qué somos en realidad, qué hacemos y por qué lo hacemos. Esta clase de verdad, en concreto, exige esfuerzo, disciplina y valor. ¿Por qué? Porque aquí la verdad suele entrañar mucha angustia y desilusión. «Conocerse a uno mismo» significa dotar de una nueva transparencia a nuestros motivos e identidades ocultos. Implica un proceso de autorrevelación mediante el cual exponemos sin piedad a la luz los fraudes y engaños que nos ofrecen consuelo. Esta es la búsqueda de la verdad que nos hace libres, pero que, como devotos hedonistas que somos, comprendemos que es un camino lleno de dudas y, por lo tanto, un camino que raramente recorremos.

En cuarto lugar, está el obstáculo cada vez mayor de la imaginería de los medios de comunicación. Con muy pocas excepciones, nos vemos continuamente bombardeados con retratos de tipos «de éxito» que, se nos dice, merecen que los emulemos. La ubicuidad de estas imágenes en la televisión, las películas e Internet las ha convertido en un hecho irrefutable de la vida moderna. La dificultad reside en que estos dudosos paradigmas tienden a llenar de *glamour* unas vidas que son tan superficiales e inanes como poco representativas. Con demasiada facilidad, olvidamos que estas imágenes doradas tienen menos que ver con la verdad que con vender entradas y hacer subir los índices Nielsen. Como resultado, promueven una irrealidad que sugiere que no hay ningún apremio particular para considerar las cuestiones mayores de la vida, que el esfuerzo por «conocerse a uno mismo» es, en gran medida, trivial y carente de importancia. Por el contrario, nos alientan a abrazar, ciegamente, la idea de la buena vida que propone la cultura popular, sin tomar en consideración qué sentido y qué mérito tienen una existencia así. En estas circunstancias, quienes buscan una verdad y un sentido superiores son considerados intrusos y excéntricos. ¿Cómo podemos seguir el dictado de «conócete a ti mismo» en una sociedad que promociona una vida vivida con piloto automático; es decir, una vida donde nos dedicamos muy poco, o no nos dedicamos en absoluto, al autoexamen?

Los cuatro impedimentos para conocerse a uno mismo

1. Las distracciones cotidianas que alientan una existencia superficial y no analítica.
2. Las barreras psicológicas que protegen nuestros ojos del agresivo fulgor de las verdades molestas.
3. El hedonismo, la falta de valor para hacer frente a las realidades dolorosas e incómodas.
4. La imaginería distorsionada que nos presentan los medios de comunicación.

Dejemos claro lo que todo esto implica para el liderazgo. Primero, lo que acabamos de describir explica, en gran medida, por qué son tan pocos los hombres y mujeres que merecen de verdad el título de «líder». La enorme mayoría de personas no están dispuestas, sencillamente, a explorar las regiones oscuras de su ser interno. En lugar de despojarse de la máscara, mantienen esas zonas cerradas herméticamente, en un esfuerzo por contener unas verdades prohibidas. Al hacerlo, se crean una especie de realidad falsificada, que puede poner en grave riesgo a cualquier organización.

En concreto, esta falsa realidad se puede manifestar en toda una serie de políticas y enfoques distorsionados. Por un lado, puede producir estrategias arrogantes e irresponsables que son el reflejo del erróneo sentido de invencibilidad del ejecutivo; por ejemplo, una serie de adquisiciones que satisfacen el ego del equipo ejecutivo, en lugar de favorecer la causa de la organización. En otras palabras, no es posible que el programa falle, puesto que «yo» lo he concebido y desarrollado. Un líder seguro de sí mismo puede ser un activo valioso para una organización. No obstante, cuando esa seguridad se pasa de la raya y se convierte en presunción imprudente, el ejecutivo se acaba convirtiendo en un pasivo, en lugar de en un activo.

Otra forma de realidad falsificada atribuible a los líderes que se resisten a realizar un autoexamen es la idea del éxito «por derecho». «Tuve éxito como gestor de fondos de inversión en Wall Street; puedo darle la vuelta a la situación de esta empresa», o «Tuve éxito remodelando una empresa detallista de aparatos electrónicos; puedo hacer lo mismo para una cadena de grandes almacenes». Los ejemplos anteriores señalan una forma de entender las cosas que tiene un gran poder distorsionador sobre el papel del ejecutivo y qué resultados puede esperar razonablemente alcanzar. Al parecer, algunos administradores descartan por completo la posibilidad de fracasar, sencillamente porque están convencidos de que tienen derecho a triunfar. Esta lógica puede tener un efecto devastador en la organización, en tanto que la arrogancia tiende a alimentar la complacencia, la cual, a su vez, intensifica radicalmente las perspectivas de fracasar. De hecho, la historia corporativa está atestada de historias de grandes corporaciones que se deterioraron y acabaron desapareciendo porque unos líderes arrogantes dieron el éxito por sentado, entre ellas Eastman Kodak, Lehman Brothers, Enron y Global Crossing.

Los auténticos líderes comprenden que el éxito no es, nunca, algo que se pueda reclamar como derecho inalienable. Exige un esfuerzo continuado, además de una cierta humildad para reconocer la posibilidad de la derrota. Los que mejor comprenden estas ideas son los que miran sincera y críticamente en su propia dirección. Dicho de forma sencilla, los líderes que no logran comprender sus propias deficiencias y limitaciones se convierten en intérpretes de una obra burlesca, en la cual los actores ya no saben que están actuando. Y será la organización la que lo pagará caro.

Conocerse a uno mismo significa acabar con los juegos de rol. Implica arrojar una luz dura e implacable sobre una serie de falsedades autoexculpadoras. Huelga decir que alcanzar una visión sin adornos de uno mismo es un proceso que intimida. Hace falta mucho valor para desenmascarar esas mentiras tranquilizadoras que tanto nos gusta contarnos. Pero, bien mirado, también es necesario mucho coraje para ser un auténtico líder.

Para seguir la máxima «conócete a ti mismo», los aspirantes a líderes deben:

- Explorar el lado oscuro de su ser interno, los fraudes y engaños que nutren una realidad falsificada.
- Poner al descubierto las deficiencias psicológicas y las verdades molestas.
- Arrojar una luz dura e implacable sobre las falsedades autoexculpadoras.
- Someterse a un programa de enérgico autocuestionamiento; un proceso de sincero autodescubrimiento diseñado para disipar los fraudes autoinducidos.

En conclusión, la autocomprensión es una condición previa fundamental para una vida vivida efectivamente. Además, creemos que este principio tiene una importancia particular para cualquier hombre o mujer decididos a tomar las riendas del liderazgo. En cuanto a los que rehúyen la tarea de enfrentarse a sus propias debilidades y carencias, es muy improbable que alcancen algo siquiera cercano al extraordinario estatus indicado aquí con el término «líder». ¿Cómo pueden los que permanecen ciegos ante sí mismos dirigir a otros?

PAUTAS DE ORO DEL LIDERAZGO

- Explora tu ser interior.

- Comprende quién eres. Debes estar preparado para someterte a un programa que desvele y disipe las deficiencias psicológicas, las inseguridades personales y el autoengaño.

- Desarrolla una autocomprensión precisa y sin ambigüedades que nutra, informe y actualice todo lo que haces.

- Ten una confianza tranquila, sin vanidad ni orgullo.

REGLA Nº 2

«El poder desenmascara a la persona.»
PÍTACO

De todos los muchos problemas a los que se enfrenta el mundo empresarial hoy ninguno es más crítico que la calidad del entorno laboral. En ausencia de un ambiente de trabajo amable, la lealtad de los empleados no tarda en romperse. Según el Departamento de Estadísticas Laborales de Estados Unidos, lo habitual es que un empleado permanezca en su puesto sólo durante unos dos años. Los estudios concebidos para explicar esta extraordinaria movilidad indican que la principal razón de la marcha de los empleados es que el lugar de trabajo sea desagradable. Las repercusiones de esta rápida rotación son claras: la organización pierde el tiempo, la energía y los recursos que invirtió en la contratación y sufre los efectos de tener unos empleados que carecen de un compromiso significativo con la empresa. ¿Cómo puede una organización motivar a los miembros del personal que están, constantemente, buscando otras alternativas profesionales?

Un entorno de trabajo negativo no surge de manera espontánea. Casi sin excepción, el origen de este fallo potencialmente letal se puede encontrar en las deficiencias de la dirección y, con mucha frecuencia, en el abusivo mal uso del poder por parte del gerente o director. Nada desencantará y alienará con más rapidez a los trabajadores que un director que disfruta recurriendo al palo, en lugar de a la zanahoria.

El poder desenmascara a la persona

Al asumir la autoridad se pone al descubierto el mundo interior del líder. Se revela si se ha sometido a un proceso de sincero autodescubrimiento que tenga en cuenta el uso productivo del poder.

Uno de los compañeros de Tales en la lista de los Siete Sabios era el gobernador de Mitilene, un hombre llamado Pítaco (*circa* 600 a.C). Después de gobernar la ciudad durante una década, Pítaco renunció voluntariamente al poder y se retiró. Diógenes Laercio recogió una serie de frases famosas atribuidas tradicionalmente a Pítaco, la más famosa es: «El poder desenmascara a la persona». Por encima de todo, esta máxima aborda el problema fundamental del poder y sus efectos. Contiene, implícitamente, dos premisas. La primera es que investir a alguien de poder —en otras palabras, concederle a un líder una autoridad significativa— es el desencadenante que revelará en poco tiempo las cualidades internas de esa persona. La segunda es que el poder no sólo tiene el potencial para desvelar quién es realmente una persona, sino que además tiene la capacidad de corromper. Es preciso que analicemos las dos ideas.

Cualquiera que haya participado en la contratación de un nuevo empleado comprende que el currículum vítae, las cartas de referencia, las entrevistas, etcétera, ofrecen, en el mejor de los casos, una visión opaca de la identidad real del candidato. A lo largo de las diversas fases del proceso de contratación, es fácil que la auténtica persona quede oculta por una serie de rituales y procedimientos muy estilizados. En cuanto a llegar al núcleo de la personalidad, el procedimiento sigue siendo tan superficial como es estético, con el resultado de que nunca llegamos a conocer, realmente, a la persona que hay detrás de la máscara hasta que el empleado desempeña las funciones encomendadas.

Estos aspectos son especialmente dignos de mención en el caso del personal sénior, las personas a las que se les asignan importantes cometidos de liderazgo dentro de la organización. En estas personas, la investidura de poder tiene un potencial de diagnóstico de suma importancia. El poder reflejará, invariablemente, lo que ningún currículum vítae refleja nunca, es decir la disposición psicológica y espiritual de esa persona. Y aquí, claro, hemos regresado a los puntos que recogíamos en la Regla nº 1. Lo que no tardará en revelarse en el recién contratado «líder» es si se ha producido o no un proceso de sincero autodescubrimiento. Si la batalla para disipar un fraude autoinducido ha sido librada con éxito, si de verdad esa persona ha hecho caso del «conócete a ti mismo» de Tales, ese logro se reflejará en la manera en que utiliza el poder.

Los que disfrutan de una comprensión de la vida informada filosóficamente usarán su autoridad de un modo esclarecido para promover los propósitos legítimos de la organización. En esas manos, el poder se convierte en un instrumento de integridad y consciencia capaz de rendir un beneficio inconmensurable al lugar de trabajo. Pero ¿qué pasa con aquellos que no han conseguido mirar hacia dentro del modo descrito aquí? ¿Y con los que no se conocen a sí mismos, pero disfrutan, no obstante, de las prerrogativas del poder? ¿Qué desvelará su poder sobre estos hombres y mujeres?

**Los líderes deben comprender las limitaciones
de los mecanismos de contratación tradicionales**

- Los sistemas convencionales de contratación pueden identificar y poner a prueba los conocimientos técnicos y gerenciales de los posibles líderes.
- No obstante, no pueden desvelar el mundo interior, la disposición espiritual y psicológica de esa persona. En particular, estos sistemas no pueden revelar la demasiado común tendencia a abusar del poder.

Estas son las circunstancias que obligan a considerar las tendencias corruptoras del poder y los muchos efectos destructores que esa corrupción suele traer consigo. Lord Acton, historiador británico del siglo XIX, es famoso por haber observado que «el poder tiende a corromper y el poder absoluto corrompe absolutamente». Pítaco, y los antiguos griegos en general, comprendían plenamente la lógica de la afirmación de Acton. Reconocían que la perspectiva de ejercer poder y, en particular, la capacidad de aplicarlo de una manera regida por el ego tienen un encanto irresistible para muchas personas.

Encontrar sentido a la manera en que esto funciona es imposible sin considerar el estado mental de aquellos inclinados a abusar de su autoridad. En la mayoría de casos, el mal uso del poder es, indudablemente, el resultado directo de una deficiencia psicológica. En estas circunstancias, el poder se convierte en una especie de activo compensatorio. Se emplea como mecanismo de defensa para compensar sentimientos de ineptitud y vulnerabilidad. En otras palabras, la aplicación abusiva del poder es la única manera en que algunos líderes pueden alcanzar un sentimiento de seguridad y confianza en la vida. Tienen la necesidad de controlar y dominar a todos y a todo lo que les rodea. En estas circunstancias, los propósitos de la organización ocupan un segundo lugar ante las necesidades psicológicas del directivo. Si una situación como esta no se remedia, puede reducir el entorno de trabajo a poco más que un psicodrama disfuncional, en el cual la moral y la unidad y la productividad del trabajador se ven gravemente comprometidas.

Huelga decir que los ambientes de trabajo que son sanos y productivos no son el resultado de una buena suerte espontánea. Establecer y mantener un entorno así exige una serie compleja de activos y actividades que tienen poco que ver con la suerte. Pero, entre los numerosos ingredientes requeridos para el éxito, el más importante, con mucho, es un liderazgo de calidad. En los buenos tiempos, el líder maximiza el impulso institucional y formula planes para mantener el crecimiento y la ventaja de mercado, compartiendo las recompensas del éxito con todos los miembros de la organización. En los malos, el líder tiene el valor y la percepción para crear nuevas estrategias, al tiempo que mantiene unos niveles altos de moral y compromiso repartiendo el coste de unos ajustes dolorosos entre todos los miembros de la organización, empezando por la sede central.

En resumen, el papel de un buen líder es fundamental en cualquier situación y, por la misma razón, los fallos del liderazgo arruinarán prácticamente a la organización. Y de todas las deficiencias que un supuesto líder puede llevar a una organización, ninguna es más letal que la aplicación arbitraria del poder. Los supervisores que microgestionan constantemente, que ponen en duda cada decisión de un subordinado, que esperan frotándose las manos cualquier oportunidad para criticar e intimidar son una presencia tóxica en cualquier ambiente. Es previsible que sus abusos desperdicien los recursos corporativos, destruyan la motivación de los trabajadores, comprometan las lealtades institucionales y creen resentimientos debilitadores más rápidamente que ningún otro fallo de gestión, impulsando a los empleados de más talento a abandonar el barco.

Huelga decir que corregir la mala conducta de un directivo abusador no es tarea fácil. Como hemos indicado, una gran parte de la explicación subyacente a esta forma de conducta está profundamente arraigada en la constitución del individuo. Es improbable, por lo tanto, que una reprimenda ocasional pueda alterar esa conducta. En estas circunstancias, la organización tiene dos opciones.

La primera es el sistema de la terapia de choque, en el cual se deja de lado la diplomacia, en favor de una amonestación contundente y sin ambigüedad. Una manera de lograrlo es solicitar que las víctimas evalúen por escrito y de forma anónima las actividades del supervisor. Se puede pedir a los subordinados que respondan a un conjunto de preguntas como las siguientes: ¿La conducta del supervisor es justa y objetiva? ¿Alienta un intercambio sincero y abierto de ideas? ¿Interactúa con sus subordinados de una manera constructiva y profesional? Por supuesto, la organización debe garantizar que este proceso funcione sin que haya represalias; es decir, no se permitirá ninguna acción punitiva contra la unidad o contra cualquier miembro de ella. Los resultados deben ser presentados al supervisor en términos inequívocos. Si los datos indican un modelo consistente de abusos, la organización debe usar esta información para advertir oficialmente al administrador de que su conducta es inaceptable. Se le podría exigir que asistiera a sesiones de formación especializadas en la efectiva aplicación de la autoridad y se le podría notificar que se llevará a cabo una segunda encuesta dentro de unos meses.

Si la segunda ronda de datos indica que hay poco o no hay ningún cambio en la conducta despótica del administrador, la organización no debería vacilar en ejercer la segunda opción: relevar a esa persona de sus funciones. Dadas las posibles consecuencias negativas de permitir que un individuo así continúe, no hay otra alternativa. Además, sangrías periódicas de este cariz emitirán un mensaje convincente a otros inclinados a abusar de su poder y, lo que es más importante, mostrarán la genuina preocupación de la institución por las cuestiones de «justicia» corporativa. No cabe exagerar la importancia de este último aspecto, en cuanto que puede restablecer la confianza de los trabajadores en la organización y disminuir la probabilidad de que empleados valiosos se vayan en busca de terrenos menos autoritarios.

Los auténticos líderes no necesitan ni tienen ningún interés en intimidar a los miembros del personal; comprenden que los estilos de administración que se basan en el miedo y la coacción son, en última instancia, contraproducentes. Los líderes abusivos no sirven ni a los intereses de la organización ni a los objetivos profesionales del propio líder. En lugar de conducirse de un modo dictatorial, los auténticos líderes ofrecen lecciones prácticas para la aplicación justa e inteligente de la autoridad. Por decirlo llanamente, dirigen por medio del ejemplo digno, convirtiendo a sus subordinados en «creyentes» que se esforzarán al máximo para promover los objetivos institucionales. Sobre todo, reconocen que el verdadero liderazgo no nace del chasquido de un látigo. De hecho, con frecuencia, basarse en esos métodos es prueba del fracaso administrativo. No, los auténticos líderes encarnan una sabiduría especial que valora que, con mucha frecuencia, el zureo de una paloma es más profundo y productivo que el rugido de un león.

En conclusión, el cargo y el uso de la autoridad suelen revelar algo sobre los líderes que los sistemas estándar de contratación no revelan. Específicamente, el poder desvela si una persona se ha librado o no de las deficiencias psicológicas que invalidan la posibilidad de un verdadero liderazgo. Por desgracia, revelaciones

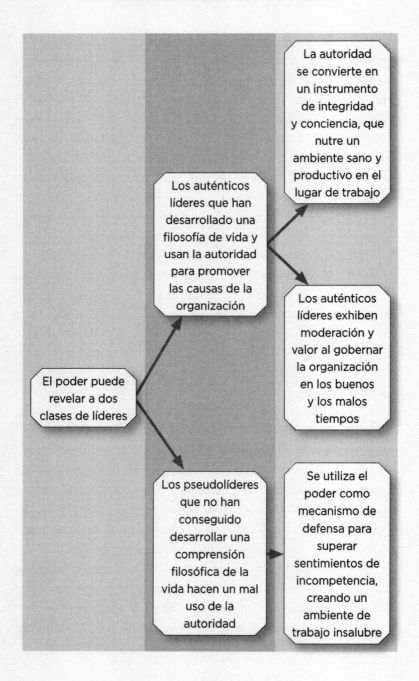

como esta tienden a aparecer después de los hechos; después de que la organización haya presentado una oferta de trabajo. En consecuencia, la institución debería estar preparada para actuar rápidamente contra cualquier líder en el que se vea con toda claridad que no se puede confiar para ejercer la autoridad de una manera constructiva.

PAUTAS DE ORO DEL LIDERAZGO

- La asunción de poder desvela los rasgos espirituales de la persona.

- El poder desvela a dos tipos de líderes.

    - Los auténticos líderes usan el poder sabiamente, dirigen mediante el ejemplo, crean un ambiente de trabajo agradable y promueven la causa de la organización.
    - Los seudolíderes llevan a su cargo los males de su mundo interior, usan el poder como activo compensatorio y crean un ambiente laboral hostil.

- Las instituciones deben contar con un mecanismo adecuado para librarse de los seudolíderes cuanto antes mejor.

REGLA Nº 3

«Nutre a la comunidad en el lugar de trabajo.»
PLATÓN

Las comunidades corporativas con un buen funcionamiento y un sentimiento positivo de grupo son la base del moderno lugar de trabajo. Recogen y concentran las energías y recursos de las organizaciones empresariales en la búsqueda de objetivos institucionales. Sin embargo, en los libros de texto o en las escuelas de negocios raramente se hace hincapié en las capacidades necesarias para crear estas comunidades. Estas unidades colaboradoras no surgen de manera espontánea. Tienden a estar exclusivamente relacionadas con el talento del líder.

El desarrollo de la comunidad y un sentimiento de grupo positivo son virtudes que los líderes deben nutrir proporcionando los necesarios apoyos, guía e incentivos.

Quizás el más famoso de los muchos diálogos de Platón sea una obra llamada *La República,* en la cual el filósofo expone su teoría del Estado ideal. Entre las muchas premisas contenidas en este famoso texto hay un extenso argumento sobre la necesidad de la unidad social. Apenas cabe duda de que Platón estaba reaccionando contra las actividades divisivas de ciertos clanes poderosos que solían favorecer su propia causa en detrimento del bienestar mayor. En respuesta, insiste en que no hay mal mayor que la discordia y las facciones y no hay bien mayor que los vínculos de un sentimiento comunitario.

Como analogía de estos principios, Platón se refería a un dedo herido. En el momento en que el dedo sufre, no sólo él padece el dolor. Por el contrario, todo el cuerpo participa de una especie de reacción simpática ante la molestia. Así es como funciona un cuerpo sano y también como lo hace una sociedad sana. Sólo cuando una unidad social disfruta de una armonía de valor y lealtad, puede alcanzar los objetivos que desea. En gran medida, esto explica por qué Platón convierte el establecimiento y conservación del bien común en la tarea primordial del rey filósofo.

Pese a que han pasado 2.400 años, muchos de los aspectos ofrecidos por Platón siguen teniendo mucho sentido hoy. Cuando, por ejemplo, insiste en que no se debe permitir que el bien de unos cuantos prevalezca sobre el bien común, cuando defiende que la desunión y las facciones son fuerzas destructivas que ponen en peligro el funcionamiento eficiente de la sociedad, y cuando identifica amistad y comunidad como ingredientes esenciales de un estado bien ordenado, Platón propone una doctrina social cuyo valor y validez son intemporales. Además, su razonamiento tiene una importancia particular para los ejecutivos modernos que, como ya hemos señalado, necesitan convertirse en algo más que meros administradores y tienen que dedicarse a llegar a ser el equivalente corporativo de los reyes (o reinas) filósofos.

Reconozcamos que una propuesta así puede parecer ingenua en exceso, pero, en verdad, los posibles beneficios para una organización son innegables. Es más, algunas de las empresas con más éxito del mundo han alcanzado ese estatus porque disfrutan de una filosofía del liderazgo que refleja la virtud del «equipo», en este caso la creación de varias comunidades dentro de la institución mayor. Comprenden tanto la lógica como la eficacia de un entorno en el cual se ha convertido hábilmente la fuerza laboral en unidades productivas que abordan el término «nosotros» como parte esencial de la cultura corporativa. Huelga decir que, con frecuencia, alcanzar este «punto dulce» de cooperación es una ardua tarea, por dos razones. La primera es que, con frecuencia, hay una pronunciada resistencia por parte de algunos empleados a aceptar de verdad la integración en el grupo. En consecuencia, el estatus de «equipo» no se puede asumir ni dar por sentado. En segundo lugar, la creación de comunidades corporativas exige habilidades especiales por parte del líder del equipo. Con demasiada frecuencia, esas habilidades no forman parte del conjunto de conocimientos estándares de un administrador, en cuanto que requieren una aguda percepción psicológica respecto a los subordinados y, más importante aún, una voluntad fundamental de autoevaluarse.

Los dos obstáculos existentes para crear comunidades corporativas:

1. El individualismo: «yo» antes que «nosotros».
2. Falta de voluntad para autoevaluarse críticamente.

Respecto a la formación de equipos, es importante observar lo difícil que puede ser establecer el proceso. También es importante comprender las causas fundamentales de esta complejidad. Además de los obstáculos derivados de la historia biográfica particular de un miembro dado del personal, también hay poderosas fuerzas culturales en acción contra la pronta formación de equipos. La cultura estadounidense tiene una fascinación casi romántica por las virtudes de lo individual. Tendemos a acumular elo-

45

gios sobre pocas figuras de la sociedad con más celo que sobre el hombre o la mujer que triunfa contra la adversidad mediante la persistente aplicación de recursos personales. Para la mayoría de estadounidenses, hay algo irresistiblemente cautivador en el individuo duro y solitario que, contra toda lógica, avanza audazmente hasta la victoria, impulsado por poco más que la pura fuerza de voluntad.

Pese al cariño que sentimos por las historias de Horatio Alger, la verdad sigue siendo que muy pocas personas llegan a aproximarse a esa imaginería que encontramos tan seductora. Cierto, quizás haya un puñado de personas que llegan a la cumbre apoyadas en algún talento único, pero la vasta mayoría de los que «triunfan» en Estados Unidos son hombres y mujeres que se valen de las redes sociales ya existentes. En otras palabras, detrás del retrato de la persona que se ha hecho a sí misma está la realidad de un complejo sistema de mecanismos colectivos de apoyo: instituciones, organizaciones, grupos, etcétera, muchos de los cuales desempeñan un papel importante tanto en el cultivo de los talentos del individuo como en su ascenso.

Por desgracia, con frecuencia, esta realidad se pierde dentro del mito del genio heterodoxo, con el resultado de que muchos individuos consideran la participación en un grupo como una especie de sumergimiento que amenaza la expresión de sus capacidades especiales. Por lo tanto, con frecuencia no se sienten inclinados a invertir su tiempo en esos procesos, incluso cuando la organización les exige que participen. No obstante, rechazar estas relaciones sociales mayores puede conducirnos a aislarnos de un recurso colectivo fundamentalmente clave que podría ayudarnos a conseguir unos beneficios importantes tanto para la empresa como para el miembro del equipo. Una de las actividades más esenciales de un auténtico líder es explicar claramente estos puntos a sus subordinados, para ayudarlos a comprender que la lógica de la acción colectiva es beneficiosa en igual medida para la organización y para el individuo.

Específicamente, es preciso hacer ver a los que se resisten a la integración que el equipo se beneficia de su inclusión igual que ellos se benefician de ser parte del equipo. Un grupo bien ordenado funciona como multiplicador de fuerzas, por el cual la fuerza tanto de la unidad como del individuo se beneficia de la mutua mejora. En consecuencia, cuando una institución se enfrenta a un reto grave o cree que es necesario crear una sucesión de estrategias nuevas e innovadoras, no hay un instrumento mejor que un equipo que funciona bien.

¿Qué debe hacer el líder?

- Desafiar el mito del genio heterodoxo.
- Ayudar a los subordinados a comprender los beneficios de la cooperación.

¿Cómo usamos aquí la frase «funciona bien»? Entre los elementos definitorios clave están los siguientes: un fuerte sentido de lealtad y compromiso con la organización, un espíritu de genuina camaradería entre los miembros del equipo y la voluntad constante de subordinar el interés personal al bien mayor. Contando con estos activos, una organización tiene muchas más probabilidades de disfrutar de las muchas ventajas de un proceso de toma de decisiones mejorado.

A guisa de ilustración, imaginemos una reunión de equipo en la cual ocho compañeros se encuentran para formular los planes para una importante nueva línea de productos. Aunque hay las presiones obvias, el ambiente se mantiene abierto, tolerante y cordial. Conforme avanza la reunión, se presenta una oleada de ideas innovadoras. No hay sensación de limitación ni restricción. Todos se sienten absolutamente cómodos al presentar una amplia variedad de propuestas novedosas y provocativas. Las discusiones posteriores son francas, incluso bruscas, pero nunca se deterioran hasta alcanzar el nivel de la disputa malintencionada.

En el enérgico toma y daca que sigue, la mayoría de propuestas acaban siendo rechazadas, pero unas cuantas ideas sobreviven al escrutinio crítico del grupo y parecen tener un auténtico mérito. Finalmente, emerge un consenso que todos los miembros del grupo apoyan libremente. En la mesa, todos tienen un fuerte sentido de implicación personal en la propuesta final. Además, los participantes dejan la sesión habiendo confirmado su creencia en la integridad del propio proceso; en otras palabras, no ha habido tretas administrativas ni objetivos ocultos acordados previamente.

Elementos clave de un equipo que funciona bien

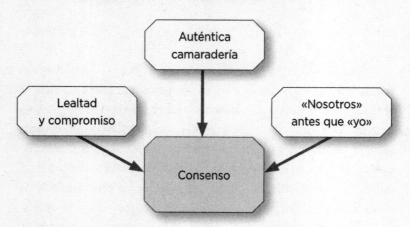

Lo que acabamos de describir es una instantánea de una máquina bien engrasada para solucionar problemas, que todas las organizaciones deben esforzarse por crear. La belleza de ese instrumento reside en su potencial para explotar las energías creativas de cada miembro del equipo, mientras se beneficia simultáneamente del refinamiento prestado por un proceso de evaluación colectivo. Ahora la pregunta es cómo lo hacemos para crear y dirigir un equipo así. Sin vacilar, afirmamos que la responsabilidad y el reto están principalmente en manos del líder. Por añadidura, creemos que este aspecto de la responsabilidad del liderazgo es una de las tareas más exigentes que un directivo tendrá que llevar a cabo. Para empezar, la composición del equipo es crucial. El líder debe evaluar con mucho cuidado varias personalidades pensando en la dinámica de grupo que probablemente resultará. ¿Este candidato es demasiado pasivo y, por lo tanto, es improbable que debata sinceramente y con convicción? ¿Este individuo es demasiado agresivo y es probable que intimide y desmoralice a otros miembros del grupo? ¿Esta persona es un seguidor que se limita a aceptar cualquier cosa que parezca ser el sentimiento prevalente? En cuestiones así, la «química» tiene la máxima importancia y, por lo tanto, le compete al líder reunir una mezcla adecuada de miembros capaces de un pensamiento honesto, cooperador y productivo.

Otro rasgo importante del sistema de equipos es el que se refiere a la función supervisora del líder. Aquí es imperativo que este comprenda la necesidad de un sutil equilibrio. Con demasiada frecuencia, los líderes tienden a definir su cometido en ambientes así como puramente facilitador. Esto puede llegar a ser un error muy caro. Aunque no hay duda de que el líder debe apoyar y favorecer el empeño colectivo, tampoco la hay de que facilitar las cosas nunca se debe confundir con abdicar. En ausencia de una orientación continuada por parte del líder, se pueden producir una serie de graves tropiezos y cualquiera de ellos puede comprometer fácilmente el proceso. Por ejemplo, sin la aplicación juiciosa de la autoridad por parte del líder, el grupo se puede desintegrar en tres o cuatro campos antagonistas, un fenómeno conocido como formación de subgrupos. Este potencial para el deterioro puede tener como resultado el hundimiento total de la dinámica del equipo.

Otra situación que exige que el líder dirija de verdad es la tendencia a lo que podríamos llamar «deriva temática». La tormenta de ideas grupal puede tener como resultado una amplia e interesante serie de nuevas ideas, pero estas sesiones también pueden producir gran cantidad de aportaciones superfluas que tienen poca o ninguna importancia para la organización. El director de equipo eficaz siempre busca que el equipo mantenga los pies en el suelo, que siga centrado y concreto.

Un ejemplo final de por qué es imperativo que un líder permanezca activamente comprometido al dirigir las actividades del equipo tiene que ver con la permanente posibilidad de que haya incompatibilidad entre sus miembros. Imaginemos que incluso después de un riguroso proceso de criba se incluye a una persona en el equipo, pero, al poco tiempo, exhibe una serie de tendencias negativas que ponen todo el proceso en serio peligro. Aunque se le ofrecen todas las oportunidades para asociarse con sus colegas, esta persona decide actuar como una especie de figura independiente que permanece distante y sin comprometerse con casi ninguna de las actividades y propósitos del grupo. En estas condiciones, el líder debe ejercer su autoridad ejecutiva y apartar ese impedimento. No debe mostrar ninguna vacilación al tomar esa medida.

Todo esto indica que el líder debe asumir un planteamiento equilibrado al dirigir los asuntos del equipo. A veces, se podrá permitir emplear un estilo de gestión algo relajado. No obstante, cuando las circunstancias lo exijan, deberá estar preparado para gobernar las actividades del equipo de forma clara y definitiva. Esto es especialmente importante para evitar uno de los principales contaminantes de un trabajo de equipo viable: el pensamiento grupal. El líder debe asegurarse de que no haya ninguna forma de pensar dominante que se incaute del proceso, desalentando la franqueza y la creatividad. Un incesto conceptual de este cariz tiene el potencial para invalidar todos los beneficios que la actividad del grupo podría rendir. En consecuencia, la unidad debe funcionar como un puerto seguro donde se valoren y alienten las ideas heterodoxas y poco convencionales.

Queda por valorar hasta qué punto el líder del equipo debe convertirse en una parte integral del trabajo colectivo. Como ya hemos dicho, el líder no debe renunciar a su autoridad, bajo ninguna circunstancia, en beneficio de una «alegre» unidad. Un equipo no es un club social. Es una subunidad institucional dedicada a rendir ventajas concretas para la organización. No obstante, al mismo tiempo, el líder debe ser consciente de que una aplicación arbitraria de la autoridad tendrá efectos letales en la capacidad del grupo para funcionar. En otras palabras, los auténticos líderes resisten a la tentación de reducir el equipo a una plataforma para su ego personal, cuyo fin último sea promover el nombre, la imagen y la reputación del líder. Es imposible ocultar al grupo unos motivos así y su resultado inevitable es un escepticismo debilitador que invalida cualquier posible beneficio que el sistema de grupo pueda ofrecer. La lección es tan simple como obvia: siempre que sea posible y adecuado, el líder del equipo optará por «nosotros», en lugar de «yo».

Finalmente, el líder debe tener un cuidado especial para no monopolizar las celebraciones con las que la organización reconoce los logros. Si, por ejemplo, un equipo tiene éxito al desarrollar una nueva estrategia que, como resultado, proporciona unas ventajas sustanciales para la institución, el líder del equipo no debe exigir ser el centro de atención ni buscar una parte desproporcionada de los honores.

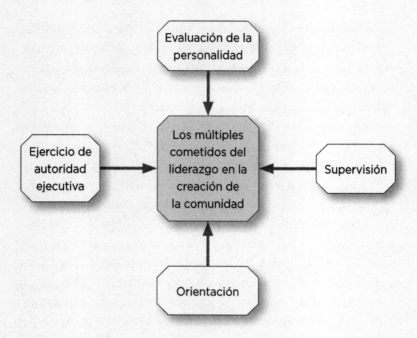

El mérito de todos los éxitos, grandes y pequeños, debe ser compartido de un modo equitativo. En esas ocasiones, los auténticos líderes serán lo bastante seguros y lo bastante inteligentes para valorar la sabiduría de un gesto magnánimo. Compartir los elogios no sólo le ganará al líder el respeto y aprecio de los miembros del grupo, sino que también sentará las bases para los futuros éxitos del equipo al salvaguardar sus cualidades cohesivas. Por lo tanto, es totalmente apropiado que los elogios corporativos se extiendan a todos los que contribuyeron a los logros del grupo.

Los líderes:

♦ No deberían monopolizar las celebraciones de los logros corporativos.

- Deberían reconocer el mérito apropiado de los miembros de la comunidad que han contribuido al éxito corporativo.
- Deben valorar la sabiduría de unos gestos magnánimos en las celebraciones corporativas.

Empezábamos este capítulo con la afirmación de Platón de que no hay bien mayor que un sólido sentimiento de comunidad. Al ofrecer esta opinión, el filósofo se refería a la sociedad como un todo, pero, sin duda, su lógica tiene sentido para cualquier organización, sea del sector público o privado. Casi todas las pruebas disponibles indican que las instituciones en las que el «equipo» es un aspecto priorizado de la cultura corporativa cuentan con ventajas sustanciales sobre la competencia. No es difícil comprender las razones. Cualquier organización que disfrute de un auténtico espíritu de compañerismo entre sus empleados, además de una lealtad institucional sólida, no puede menos que lograr una parte justa de las victorias. Y, por supuesto, huelga decir que estos activos estratégicos están directamente relacionados con la gestión esclarecida del directivo convertido en (líder) filósofo.

PAUTAS DE ORO DEL LIDERAZGO

Los líderes deben:

- Reconocer la importancia que las comunidades corporativas y los equipos con un buen funcionamiento tienen para el lugar de trabajo moderno.

- Fomentar una cultura de cooperación y colaboración desafiando el mito del individuo excepcional y explicando los beneficios corporativos de trabajar juntos.

- Realizar evaluaciones de la personalidad de los posibles miembros del equipo.

- Orientar y supervisar a los equipos.

- Aplicar la autoridad ejecutiva según sea necesario.

- Abstenerse de monopolizar el éxito y reconocer y distribuir, en cambio, los reconocimientos por toda la comunidad.

REGLA Nº 4

«No malgastes tu energía en cosas que no puedes cambiar.»

ARISTÓFANES

La palabra «cambio» se ha convertido en un término importante en el mundo corporativo por dos razones. La primera es que la difusión de la globalización, con su rápido desarrollo de mercados integrados, ha hecho que el cambio sea un aspecto constante e inevitable de hacer negocios. La segunda es que el rápido avance de la tecnología informática ha producido un entorno en el cual los modelos de negocio están en un constante estado de flujo.

Si las corporaciones han de sobrevivir y prosperar en unos ambientes tan impulsados por el cambio, «deberían lanzarse por caminos nuevos en lugar de recorrer los trillados senderos del éxito aceptado», para usar las palabras de John D. Rockefeller. Pero evitar los viejos caminos y estrategias es, con frecuencia, algo difícil de conseguir. Las viejas costumbres y la inercia institucional son fuerzas poderosas que distorsionan la necesidad del cambio y la innovación. Además, pueden ligar la institución a políticas y programas que tienen pocas o ninguna posibilidad de éxito, mientras malgastan cantidades enormes de recursos valiosos.

Hay muchos ejemplos de la manera en que la sabiduría popular puede confundir unas prácticas de negocio sólidas. Por ejemplo, consideremos la idea de que la subcontratación y la externalización pueden ayudar a una empresa a ser más eficiente y eficaz. Aunque estas políticas ayudaron a los fabricantes de ordenadores a responder a la intensificación de la competencia causada por la globalización, no consiguieron proteger al sector contra otra, y más brutal, forma de competencia: los productos alternativos como las tabletas y los teléfonos inteligentes. De forma parecida, es posible que la probada máxima según la cual el cuidado de la actividad principal es la clave para tener una ventaja competitiva ya no sea una garantía de rentabilidad. El fracaso de Eastman Kodak y el gradual declive de Xerox demuestran que no todas esas estrategias funcionan en un entorno de negocio que cambia con tanta rapidez. Como resultado, los líderes deben adoptar una postura de respuesta flexible; ser rápidos para aprovechar las nuevas oportunidades y también para descartar prácticas que ofrecen pocas perspectivas de beneficio.

> No malgastes recursos y energías en cosas que no puedes controlar ni en cosas que no puedes cambiar.

En la primavera del año 421 a.C., en las festividades anuales dedicadas al dios Dionisio, el autor ateniense Aristófanes presentó una comedia titulada *Paz*. En un momento de la representación, se oye decir a uno de los personajes: «Nadie puede hacer que un cangrejo camine derecho». El mensaje es claro: hay acontecimientos y circunstancias que no es probable que cambien, por muy decididamente que tratemos de alterarlas. Esta observación fue presentada en el famoso estilo burlesco que hizo de Aristófanes el maestro de la comedia antigua. A pesar de todo, aquí hay una seria percepción que tiene poco que ver con la diversión cómica. Tiene que ver con la importante habilidad de saber cuándo suspender los esfuerzos para controlar o transformar las situaciones que, finalmente, no admiten ser modificadas.

En la superficie, esto puede parecer muy obvio y no necesitar una aclaración detallada. No obstante, la situación es realmente mucho más compleja de lo que parece en un principio, dada la disposición psicológica de muchos líderes. Los hombres y mujeres que ascienden a la cima de la mayoría de organizaciones no son la clase de personas inclinadas a desentenderse de los retos. Tienden a ser tipos impetuosos que disfrutan de la emoción de las apuestas arriesgadas. Específicamente, buscan oportunidades para triunfar donde otros han fracasado, y para conseguir ese fin suelen estar dispuestos a redoblar sus propios esfuerzos y los de sus subordinados con el objetivo de alcanzar alguna meta nunca vista.

Por demás está decir que hay mucho que admirar en un líder que irradia confianza, energía y entrega necesarias para enfrentarse a casi cualquier tarea, incluso cuando hay muchas probabilidades de fracasar en el empeño. Esta actitud de «se puede hacer» tiene evidentemente un valor inestimable para el liderazgo del que ninguna organización se puede permitir carecer. No obstante, hay límites y obligaciones asociados con el ejecutivo resuelto que se niega a aceptar un «no» por respuesta. En el mundo real, nunca, ningún líder consigue resolver todos los problemas ni realizar todas las tareas, por mucho talento que tenga. Es inevitable que haya veces en que demasiadas variables se escapen del control del ejecutivo, con el resultado de que ningún esfuerzo y capacidad pueden garantizar un resultado positivo. Pero ¿es ese líder alguien dispuesto a aceptar la realidad de una situación semejante o está entre los que continúan insistiendo en que pueden obligar al cangrejo a caminar derecho?

- Los líderes deben tener la sabiduría para distinguir entre cosas que están bajo su control y cosas que no lo están.
- Lo que los líderes pueden controlar son los objetivos y prioridades corporativas, la selección de personas para puestos clave, la elección de sus socios y asociados corporativos y la ubicación de diferentes unidades y divisiones corporativas.
- Algunas cosas que no están bajo el control del líder son las políticas del gobierno y las actividades de la competencia.
- Los auténticos líderes deben asignar sus recursos y energías a las cosas que controlan y apartarse de aquellas que están fuera de su control.

En nuestra opinión, los auténticos líderes disponen de una gran variedad de conocimientos valiosos, tanto respecto a la organización como a ellos mismos. No es el menor de ellos un reconocimiento claro y sincero de sus propias limitaciones. Los auténticos líderes comprenden y aceptan, sin reticencias, las limitaciones prácticas que delimitan inevitablemente los logros del ejecutivo. En particular, no les guía ningún convencimiento mesiánico de sus propias capacidades. En otras palabras, los líderes eficaces no se conciben a sí mismos como trabajadores maravillosos destinados a triunfar en cualquier empresa y circunstancia. Antes bien, son objetivamente realistas sobre los retos e incertidumbres que complican cualquier situación de trabajo y, más concretamente, comprenden muy bien las consecuencias de no conseguir desconectar de proyectos y políticas que ofrecen pocas perspectivas de alcanzar un resultado favorable.

Para ilustrar nuestro punto de vista, consideremos el siguiente ejemplo. Imaginemos que un ejecutivo con mucho talento ha asumido la responsabilidad de una empresa importante, pero difícil en extremo. El proyecto tiene asignada una suma considerable de recursos institucionales, tanto presupuestarios como humanos. El ejecutivo aborda la actividad con el mismo entusiasmo sin reservas que le ha ganado una reputación excelente en toda la organización. Sin embargo, cuando el proyecto lleva un año en marcha, las ganancias han sido pocas, si es que ha habido alguna. En gran medida, la falta de un éxito tangible se puede achacar a una serie de nuevos requisitos reguladores, impuestos por el Gobierno. Todos los esfuerzos realizados para asegurarse la exención, al igual que los dirigidos a conseguir un aplazamiento temporal, han resultado infructuosos. Además, los costes asociados a redirigir el programa a fin de reducir el control del Gobierno han demostrado ser prohibitivamente caros. Para empeorar las cosas, la química del «equipo» se han ido deteriorando cada vez más conforme las muchas deficiencias del proyecto se hacían cada vez más aparentes. Al principio, el espíritu de equipo era la causa de un confiado optimismo, pero a medida que se acumulaban los obstáculos, se fue produciendo una división debilitadora. De forma creciente, las acusaciones y recriminaciones se convirtieron en la dinámica de grupo dominante. Pese a los continuos esfuerzos por restablecer la unidad colectiva, el líder fue incapaz de detener la caída en picado del equipo.

Cualquier observador neutral encargado de la tarea de evaluar esta situación llegaría rápidamente a la siguiente conclusión: la organización debe redirigir sus recursos y energías en direcciones más productivas. Pero nada de esto le parecía tan obvio a un líder que no estaba acostumbrado a reconocer el fracaso, real o percibido. La cuestión es, claro, que los auténticos líderes no se inclinan a desperdiciar tiempo y esfuerzos en proyectos que es improbable que rindan resultados sólidos. No tardan en evaluar una propuesta perdedora, aprender de la situación y pasar a actividades más lucrativas. Por supuesto, tragarse el orgullo en esos asuntos nunca es fácil y, como resultado, muchos ejecutivos creen que es necesario explicar la ineficacia mediante complicadas excusas, todas dirigidas a exonerarse a sí mismos. Esta clase de esfuerzos son contraproducentes a muchos niveles. Para empezar, no es probable que nadie que conozca la situación se convenza de que el líder del equipo no comparte la responsabilidad de los nada impresionantes resultados del proyecto. En segundo lugar, cualquier intento en este sentido transmite un mensaje muy negativo a toda la organización respecto a la sinceridad y la seguridad personal del líder. Nada comprometerá con más rapidez la imagen corporativa de un directivo que la resistencia a asumir abiertamente la responsabilidad del fracaso. A un líder se le puede perdonar un fracaso honrado, pero la negativa hipócrita a comportarse «como un hombre» es un pecado cuyo recuerdo es casi imposible de borrar.

Por supuesto, ser sincero respecto al fracaso es algo más fácil de decir que de hacer. Especialmente, cuando se trata de líderes de compañías cotizadas en bolsa, que están sometidas a la disciplina de Wall Street y a la estrecha vigilancia de los medios, un trimestre tras otro. ¿Cómo puede un líder decirles a los accionistas —sus auténticos jefes— que ha fracasado en su intento de aumentar el valor de la corporación cuyo liderazgo le confiaron? ¿En qué lugar queda al ver que las acciones de la compañía han caído a la mitad, sólo porque, el último trimestre, pasó por alto los cálculos de ingresos o beneficios de los analistas o porque dio unas instrucciones inadecuadas para el siguiente trimestre? ¿Cómo puede soportar las críticas de la prensa financiera, que puede etiquetarlo como el peor CEO del año? Además, ¿cómo puede vérselas con los inversores activistas y los buitres corporativos que están ansiosos por cambiar el liderazgo?

Dicho sencillamente, la cortedad de miras de Wall Street y los medios ha creado una cultura de «aversión a perder» entre los líderes de corporaciones que cotizan en bolsa que hace que estén predispuestos en contra del cambio; es mejor seguir con los viejos negocios seguros que aventurarse con nuevos productos, arriesgándose a sufrir grandes pérdidas. Esto explica por qué los fundadores de algunas compañías privadas exitosas deciden no salir a bolsa y por qué los fundadores de algunas corporaciones cotizadas en bolsa deciden convertirlas en privadas (tenemos ejemplos en Dell, H. J., Heinz y Levi Strauss & Co.) y por qué algunas compañías cotizadas en bolsa han dejado de publicar sus datos trimestrales para poder concentrarse en el largo plazo (por ejemplo, Unilever).

Los auténticos líderes:

- Aprenden a descartar proyectos condenados al fracaso que pueden perjudicar a la organización.
- Comparten la responsabilidad por cualquier fracaso que se produzca.
- Estudian los fracasos y aprenden de ellos.
- Redirigen recursos y energías hacia proyectos más prometedores.

Todos los que confían en alcanzar el estatus de auténtico líder harían bien en tener en cuenta el consejo ofrecido por Aristófanes. Cualquier directivo que no sea capaz de discernir cuándo abandonar un proyecto carente de perspectivas es perjudicial para la organización, tanto como para él mismo. Es importante tener claro lo que significa el término «capacidad» en este contexto. No es, ciertamente, una referencia a las técnicas adquiridas en un libro o en un seminario de formación. Más bien es, en última instancia, un reflejo del ego y el carácter del líder. Dicho sencillamente, los auténticos líderes tienen la confianza y el valor de reconocer sus propias limitaciones. Tienen la suficiente seguridad en sí mismos para aceptar la realidad de que, a veces, ni siquiera ellos son capaces de obrar milagros. Por añadidura, estos hombres y mujeres están preparados para reconocer oficialmente el papel que han tenido en iniciativas que no han conseguido dar frutos. Comprenden, por difícil que pueda ser, que un sincero *mea culpa* es un rasgo esencial del liderazgo que dice mucho de la madurez y mérito de un directivo. Es más, incluso se podría decir que confesiones periódicas de este cariz son uno de los medios más poderosos para que un líder se asegure el respeto y la lealtad de sus subordinados. En resumen, es un empeño inútil tratar de hacer que un cangrejo no camine de lado; incluso más tonto es negar que intentarlo es un despilfarro.

PAUTAS DE ORO DEL LIDERAZGO

Los líderes deben:

- Tener la sensatez de definir las cosas que están bajo su control y las que están bajo el control de otros, y distinguir entre las dos.

- Concentrar los recursos y energías en cosas que están bajo su control y apartarse de las que no lo están.

- Estar preparados para retirarse de los proyectos condenados al fracaso; proyectos que tropiezan con parámetros que la organización no controla.

- Estar preparados para compartir la responsabilidad de los proyectos que fracasan, dejando de lado su ego personal.

REGLA Nº 5

«Abraza siempre la verdad.»

Antístenes

Es probable que cualquiera que haya trabajado para una organización grande haya observado una mentalidad de rebaño entre sus subordinados; una tendencia a respaldar, como cosa de rutina, las decisiones tomadas en la cima, incluso si llevan a la nave corporativa en la dirección equivocada. Las evaluaciones deshonestas y los falsos elogios son rasgos potencialmente tóxicos del ambiente corporativo, y el auténtico líder debe enfrentarse a ellos de un modo claro. La adulación distorsiona la verdad, y la verdad es el alma de la organización.

> El líder eficaz debe abrazar siempre la verdad, alentar siempre las críticas sinceras en toda la organización, dudar de las valoraciones halagadoras y no dejar nunca que la autoridad le distancie de la verdad.

La lista de intelectuales famosos que residían en Atenas entre los siglos VI y IV a.C. es larga. No el menor entre estos destacados pensadores era un ateniense llamado Antístenes (*circa* 450-360 a.C.). De joven, Antístenes estudió con el gran maestro sofista Gorgias, pero, con el tiempo, se convirtió en miembro devoto del círculo socrático y, con frecuencia, se le identifica como uno de los fundadores de la Escuela Cínica. Ninguna de sus numerosas obras ha sobrevivido completa, pero, desde la antigüedad, nos han llegado unos cuantos y jugosos fragmentos. Entre ellos está el siguiente: «Sólo dos personas te dirán la verdad sobre ti mismo; un enemigo furioso y un amigo que te quiera bien». De nuevo, nos encontramos con un truismo que desafía la especificidad de tiempo y lugar. El mensaje de Antístenes sobre que los comentarios halagadores ofrecidos por los que nos rodean deben ser tomados con un considerable escepticismo es una visión penetrante, que tiene una serie de implicaciones importantes para el directivo moderno. En términos generales, pone de relieve que es muy infrecuente que recibamos valoraciones legítimas sobre nosotros mismos. Por extensión, la cita de Antístenes también plantea la cuestión de cómo deberíamos reaccionar ante el que dice la verdad, que es raro, y la mayoría de aquellos cuyas palabras distan de ser totalmente sinceras. Es, específicamente, este último aspecto el que deben considerar con mucho cuidado los que ocupan un puesto de autoridad.

La manera en que un líder responde en estas situaciones revelará no sólo su probable éxito como administrador, sino también y lo más fundamental, su estatus como persona. Y, como ya hemos dicho, es la calidad del líder como persona lo que, finalmente, determina su funcionalidad y valía como gestor.

Por regla general, es raro que las organizaciones empresariales se inclinen a examinar sus propias premisas. Por el contrario, normalmente, de los empleados se espera que refrenden el sistema imperante de creencias, si es que no se les obliga a hacerlo. Aunque este planteamiento puede parecer útil en cuanto a mantener la armonía cultural, la verdad es que constituye una grave amenaza para la salud y el bienestar generales de la organización, porque ninguna organización puede beneficiarse de que unas opiniones mecánicamente respaldadas sirvan como normas autorizadas. Por lo tanto, es imperativo que los líderes ratifiquen continuamente las premisas culturales y que a los escépticos y los que están en contra se les dé un lugar preponderante en el proceso.

Los líderes sabios, los hombres y mujeres que entienden de verdad la vida de la administración de empresas, comprenden que una valoración sincera es un requisito esencial para un liderazgo efectivo. En ausencia de esa valoración, es casi imposible formular una política precisa y eficaz. Por lo tanto, es crucial que, en toda la organización, se alienten todo lo posible las oportunidades para expresar francamente las opiniones. No obstante, parece haber una correlación inversa entre el nivel de autoridad y el de verdad. En otras palabras, cuanto más alto ascienda un ejecutivo en el escalafón corporativo, menos probable es que reciba una evaluación completa y certera.

Sobre todo, es muy improbable que un subordinado cuestione francamente la toma de decisiones de un ejecutivo, sin importar lo legítima que pueda ser esa crítica. Alentar en el grado que sea esa sumisión por parte de los subordinados pone en peligro el bienestar tanto de la organización como del líder.

- ◆ Sé escéptico ante las opiniones halagadoras.
- ◆ Alienta la expresión franca de opiniones en toda la organización.
- ◆ Comprende que un liderazgo efectivo requiere valoraciones sinceras.
- ◆ No dejes que la autoridad te distancie de la verdad.
- ◆ Agradece siempre las críticas sinceras.

Nada de lo que hemos dicho hasta ahora se puede clasificar como información esotérica. Cualquiera que cuente siquiera con una experiencia empresarial modesta comprenderá las virtudes de una valoración honrada. La dificultad reside en resistirse a las poderosas tendencias que señalan en la dirección contraria. Por ejemplo, ¿es posible imaginar a alguien que acoja las críticas con agrado? ¿No suele suceder que cuando se trata de aceptar la desaprobación, todos tendemos a ser un poco susceptibles? ¿Acaso los ejecutivos están, de algún modo, libres de estas tendencias o acaso los que ocupan puestos corporativos altos se inclinan más que la mayoría de personas a tener reacciones adversas? No hay que olvidar que se trata de hombres y mujeres que están acostumbrados al éxito, a dar órdenes y a tener razón. No están acostumbrados a que les digan que sus políticas son desacertadas. Teniendo esto en cuenta, la pregunta obvia es hasta qué punto un líder está dispuesto y es capaz de reprimir la necesidad de aplauso y alentar una franqueza que fortalezca a la institución.

La respuesta a estas preguntas es sencilla. Los auténticos líderes convierten en práctica frecuente el pedir a sus subordinados una valoración sincera, y lo hacen porque entienden que la palabra «verdad» no es una idea abstracta perseguida por unos soñadores idealistas. La verdad es la savia que alimenta a una organización bien dirigida y es también la mejor aliada de un administrador para alcanzar los objetivos de la organización.

Por desgracia, son pocos los que tienen los recursos psicológicos necesarios para actuar de esta manera. Pocos tienen la madurez y la seguridad emocional indispensables para aceptar las críticas.

Como resultado, la mayoría tiende a crear ambientes en los cuales las consultas libres y abiertas se alaban de labios afuera, pero todos entienden que el término «verdad» va acompañado de una etiqueta de advertencia donde pone: «Si dices lo que piensas, atente a las consecuencias». ¿Hay alguna duda de que esta clase de mala fe entre un director y el personal puede tener efectos letales en la organización? ¿Hay alguna duda de que la tolerancia hacia la auténtica verdad es uno de los rasgos clave que distinguen a un líder real de un mero supervisor?

Los auténticos líderes:

+ Piden a sus subordinados valoraciones sinceras.
+ Comprenden que la verdad es la savia de una organización bien dirigida.
+ Toleran y alientan las críticas auténticas.

Examinemos ahora algunas de las maniobras clásicas con las que el personal administrativo desalienta la verdad y prepara el terreno para la proliferación de los pelotas y los que dicen que sí a todo.

Imaginemos que recientemente ha quedado vacante un puesto de asistente ejecutivo en una importante corporación electrónica. El ejecutivo para el que trabajará el nuevo empleado planea llevar a cabo personalmente la última ronda de entrevistas, con tres candidatos finales, y ha informado a recursos humanos de su decisión. Uno de esos tres candidatos parece estar particularmente cualificado, en cuanto a credenciales y anterior experiencia laboral. Durante la entrevista, da la impresión de ser agradable, seguro de sí mismo y estar bien informado, pero, en un momento dado, se muestra en desacuerdo con la opinión expresada por su posible jefe. Los comentarios del candidato no son, en modo alguno, irrespetuosos o beligerantes. Los presenta de una manera profesional, junto con datos de apoyo que refuerzan su opinión. Al final del ciclo de entrevistas, el ejecutivo informa a recursos humanos de que el principal candidato ha quedado descalificado debido a que era obstinado y problemático.

Otro ejemplo de la misma intolerancia hacia la sinceridad tiene que ver con la importante cuestión del acceso al ejecutivo. Muchos directivos se resisten con fuerza a dar a los que tienen opiniones contrarias la ocasión de expresar sus puntos de vista. Imaginemos la siguiente situación. Cuando un subordinado que dice lo que piensa entra en el despacho del jefe, este le hace a la secretaria una señal convenida y ella sabe que, dentro de diez minutos, tiene que llamarlo para rescatarlo y que deje la reunión. En otras palabras, a la desagradable verdad se le concederá poco o ningún tiempo. En cambio, a los que cantan las alabanzas del ejecutivo se les asigna un tiempo generoso para que puedan hacerlo. A esos pelotilleros se les permite que saturen la agenda del ejecutivo de forma habitual. En el programa siempre hay cabida para sus cantos serviles.

Finalmente, consideremos el caso de un empleado afable que es más hábil congraciándose con los superiores que haciendo su trabajo. Una y otra vez, esta persona es responsable de trabajos chapuceros y oportunidades fallidas. Sin embargo, de alguna manera, mientras otros con un historial similar son despedidos sumariamente, esta persona permanece firmemente atrincherada en su puesto. Al parecer, en esos casos, un hábil servilismo triunfa sobre la incompetencia. Debido a la necesidad, o el gusto, del directivo por los halagos serviles, este bribón incompetente disfruta de una seguridad laboral única.

Otros miembros del personal se sienten tan ofendidos como desmoralizados por esta burla de la responsabilidad corporativa.

Cómo los seudolíderes se inmunizan contra la verdad:

- Evitan contratar herejes; personas «obstinadas» y «problemáticas».

- Tienen poco tiempo para las opiniones discordantes en las reuniones corporativas.
- Evalúan a los subordinados según su afabilidad, más que por sus resultados.

En una y otra medida, cada uno de estos tres casos demuestra la sabiduría contenida en el aforismo de Antístenes. Las valoraciones sinceras son cosas raras y preciosas que nunca deberían darse por sentadas. Es, por lo tanto, necesario que los directivos cultiven la habilidad y el valor de interpretar cuidadosamente los motivos que mueven a los que les rodean.

Hemos de reconocer que, cuando se trata de distinguir entre el hipócrita adulador y la persona que está legítimamente de acuerdo con las opiniones de un supervisor, no hay recetas fáciles ni bolas de cristal ni hojas de té listas para iluminarnos. No obstante, se podría realizar el siguiente test de diagnóstico. El supervisor podría ofrecer una serie de puntos de vista contrarios a los que de verdad sustenta. Estas opiniones deberían estar claramente descaminadas y ser potencialmente perjudiciales para los intereses de la organización. Si, en estas circunstancias, el subordinado sigue respaldando de manera obsequiosa las falsas propuestas del líder, entonces está claro que se trata por un pelotillero o pelotillera que nunca debería ser considerado una fuente de verdad creíble.

Por eficaz que demostrara ser este experimento, el mecanismo más poderoso para poner al descubierto a los aduladores arteros tiene que ver con el hilo unificador que recorre toda esta obra, y es que «conocerse a uno mismo» es la aptitud crucial que ilumina casi todos los aspectos de la vida administrativa, incluyendo la capacidad para poner certeramente al descubierto los motivos del subordinado. Los que han analizado en profundidad su interior disfrutan de cierta comprensión y percepción tácitas que hacen que les sea más fácil mirar profundamente en el interior de los demás. En otras palabras, si aprende a dejar de engañarse a sí mismo, el directivo se hallara en una posición mucho mejor para reconocer los intentos de embaucar de otros.

Aunque es oportuno que todos consideren, al menos un poco, estos aspectos, son particularmente importantes para los que reclaman para sí el manto del liderazgo. Ningún líder puede esperar hacer un trabajo responsable en un ambiente donde no hay oportunidades para expresarse con franqueza ni hacer un análisis sincero. Lo cual quiere decir que los auténticos líderes reconocen que no hay mayor activo organizacional que la verdad sin trabas. Y teniendo esto en mente, el auténtico líder nunca acabará rodeado de una serie de parásitos aduladores, nunca limitará las líneas de comunicación a aquellos que aceptan pasivamente las opiniones predigeridas de la dirección, nunca tomará decisiones personales basándose en una supuesta capacidad para programar o controlar a un posible empleado y nunca convertirá la expresión de la verdad en el único pecado imperdonable de la organización. Dicho sencillamente, alentar el pensamiento fresco e innovador, lo que podríamos llamar «herejía dirigida», es un aspecto fundamental del liderazgo inteligente.

En lo que se refiere a alentar esa herejía, el auténtico problema reside en establecer un equilibrio adecuado entre el pensamiento osificado, por un lado, y la heterodoxia radical, por el otro. Está claro que unas ideas trilladas y faltas de inspiración pueden poner en peligro la existencia misma de una organización, pero también pueden hacerlo unas innovaciones extremistas que guardan poca o ninguna relación con la realidad. Así pues, lo que las organizaciones deben buscar es ese fértil terreno medio entre unos planteamientos probados y comprobados que, quizás, hayan llegado a ser conformistas en exceso y unas innovaciones realistas que ofrecen perspectivas significativas de beneficio.

Una manera de lograrlo es hacer que la organización patrocine un concurso trimestral en el cual se anime a los empleados a pensar fuera de lo establecido. Se solicitan y revisan oficialmente todas las propuestas, incluidas las excéntricas y fantasiosas. Las evaluaciones están a cargo de un panel de ejecutivos séniores. Este mecanismo de criba permitirá que la dirección tenga la oportunidad de controlar, dirigir y refinar las «herejías», según sea necesario. También ofrecerá una valiosa oportunidad de diagnóstico para que la dirección calibre el talante y la inclinación de los miembros del personal en cuanto al cambio. Se podría dar a las propuestas ganadoras un premio en metálico. A los autores de propuestas rechazadas se les explica en detalle el porqué del rechazo, además de alentarlos a continuar actuando a su manera.

Nutre una cultura de expresión libre y franca:

- Alienta el pensamiento crítico e innovador en toda la organización.
- Contrata a un par de herejes.
- Recuerda que es mejor estar rodeado de herejes que de pelotilleros.

Al final, el éxito a largo plazo de cualquier institución está estrechamente ligado al buen nombre y la sólida reputación de que disfruta. Sin embargo, la integridad de una organización sólo vale lo que vale la integridad de sus líderes. Por lo tanto, si los líderes de una institución se inclinan a negar, manipular y fabricar su propia versión de la verdad, si sólo son capaces de aceptar una idea esterilizada de ese término que refleje sus propias y estrechas inseguridades, entonces nunca estarán en una posición desde la que promover adecuadamente el bienestar de la organización. Además, nunca tendrán derecho a ser llamados «auténticos» líderes.

PAUTAS DE ORO DEL LIDERAZGO

- La verdad es un activo corporativo inestimable. No dejes que se desperdicie. Abrázala.

- Desconfía de aquellos que respaldan y alaban, de forma automática, tus decisiones.

- Contrata a un par de «herejes» y deja que digan lo que piensan, incluso si son críticos con tus decisiones.

- Fomenta una cultura propicia a la valoración sincera de las estrategias y políticas de la corporación.

REGLA Nº 6

«Deja que la competencia revele el talento.»
HESÍODO

Talento es la palabra de moda en la empresa moderna, por buenas razones. Es la fuente definitiva de ventaja competitiva, especialmente en los sectores de alta tecnología donde las corporaciones dependen de la innovación para diferenciarse de la competencia.

Aunque es posible contratar a empleados cualificados en el mercado laboral o reclutarlos dentro de la empresa, hacer surgir su talento y alinearlo con los intereses de la organización exige un entorno que les permita competir unos con otros de un modo constructivo y no destructivo.

Además, los directivos deben seleccionar cuidadosamente a los subordinados que evidencien el potencial de prosperar en un ambiente competitivo, personas en las cuales es probable que la «competición» engendre altos niveles de entusiasmo y creatividad.

Cualquiera familiarizado con la historia de la Antigua Grecia sabe que el conflicto era un aspecto continuo de su civilización. Pocos pueblos en la historia de la humanidad han sido más propensos que los antiguos griegos a empuñar las armas en contra de ellos mismos y han estado más inclinados a negarse las bendiciones de la paz. Es preciso señalar que las razones de estas luchas intestinas son muy complejas, pero los historiadores llevan tiempo observando que hay un poderoso instinto competitivo en el corazón de la civilización griega que, tanto en profundidad como en difusión, indica un rasgo cultural único. El término griego para esta pasión de rivalidad es *agon* —«contienda»— y parece que desde tiempos remotos los griegos emplearon la competición como mecanismo para identificar la valía y el mérito comparativos de alguien. Específicamente, comprendían las poderosas fuerzas psicológicas involucradas en las oportunidades para alcanzar distinciones de honor y gloria. Bien puede ser el caso de que una gran parte de los logros culturales de los griegos esté directamente relacionada con el dominio de esas energías.

Se puede detectar este espíritu agonístico en casi todas las facetas de la sociedad de la antigua Grecia; los juegos deportivos eran sólo una de sus manifestaciones más obvias. Una de las descripciones más interesantes de cómo percibían los griegos este impulso competitivo se encuentra en los versos de un poeta llamado Hesíodo, una de las figuras más respetadas de la literatura antigua, que habla de los efectos de la fricción humana en términos extraordinariamente coherentes con los principios de la moderna doctrina capitalista.

Hesíodo era un poeta épico que vivió en Beocia (en la Grecia central) a finales del siglo VIII a.C. Es famoso, sobre todo, por dos poemas, *Teogonía* y *Trabajos y días*. Es esta última obra la que nos interesa aquí, porque en ella Hesíodo describe dos formas de *Eris* (discordia) que animan el espíritu humano. Una es una fuerza maligna que promueve una «lucha dura», cuyo resultado son todos los males que asociamos con la guerra. Aquí Hesíodo se refiere a la dolorosa discordia que manchó las páginas de la historia griega con tanta sangre. Sin embargo, Hesíodo reconoce también otra forma de lucha más beneficiosa y productiva. Esta forma de contienda es hija de la envidia y el orgullo, pero no conduce a las nefastas brutalidades del campo de batalla. Por el contrario, su efecto tiende a ser productivo para todos los implicados en términos específicamente económicos.

Hesíodo explica que esta versión benigna de *Eris* motiva al hombre perezoso a trabajar. Habla de cómo el vecino compite con el vecino en busca de la riqueza y cómo los miembros de todas las profesiones están motivados para competir contra otros en su campo. El efecto neto de este espíritu competitivo es la producción de un «fruto» cada vez mejor, y es por esta razón por la que Hesíodo habla de que «Esta lucha es saludable para los hombres».

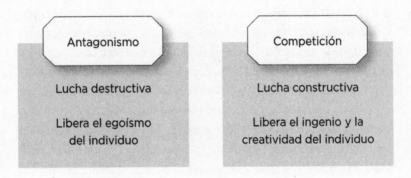

Antagonismo

Lucha destructiva

Libera el egoísmo del individuo

Competición

Lucha constructiva

Libera el ingenio y la creatividad del individuo

Aunque Hesíodo compuso sus poemas hace muchos siglos, parece, sin embargo, comprender esa conexión crucial entre el ego humano y la productividad económica. Mucho antes de John Locke, Adam Smith o David Ricardo, este poeta de la Antigüedad reconoció maneras en que las energías competitivas podían contribuir a la prosperidad material. En muchos aspectos, es la misma lógica básica que continúa impulsando nuestro sistema económico hoy. Aunque los competidores ya no son los alfareros y los campesinos descritos por Hesíodo, sino enormes corporaciones que controlan miles de millones de dólares en bienes, las premisas fundamentales siguen siendo las mismas; en concreto, que tenemos un instinto competitivo innato que nos empuja a perseguir logros mayores que los de nuestros compatriotas. Tanto la fuerza de esta energía como sus beneficios quedan claramente demostrados por los éxitos materiales del sistema que llamamos capitalismo. Y huelga decir que nutrir, controlar y dirigir estas energías es una prueba importante para identificar a quienes dejarán su huella como auténticos líderes.

El reto planteado aquí es más complicado de lo que podría parecer en un principio. El líder debe diseñar estrategias capaces de darle acceso a esa reserva, potencialmente productiva, de las pasiones y sentimientos que hay dentro de todos los seres humanos. A fin de cumplir con esa tarea de manera efectiva y, más específicamente, a fin de vincular esos poderes a la consecución de los objetivos de la organización, el líder debe calibrar con sagacidad la personalidad humana.

De nuevo, recordamos al lector la constante temática que recorre toda esta narración: comprenderse a uno mismo es el prerrequisito clave para comprender a otros. Todo auténtico líder sabe que en la gestión de personal, «conocerse a uno mismo» es un valor crucial, cuya ausencia complica en gran manera la tarea de explotar las energías motivacionales de sus subordinados. Entre otras cosas, comprenderse a uno mismo de forma clara y sincera reducirá significativamente las tendencias distorsionadoras cuando se trate de analizar el potencial de trabajo de los miembros del personal. Por ejemplo, un líder deberá identificar qué subordinados son más capaces de aceptar nuevos retos competitivos. ¿Algunos de los empleados están mejor capacitados para un planteamiento orientado a la competición? ¿Hay otros que podrían usar la oportunidad de competir de un modo disruptivo y contraproducente? Para llegar a responder a estas preguntas es preciso contar con una serie de conocimientos psicológicos, incluyendo los relativos al carácter y la personalidad del propio líder.

Cómo alimentar la competencia:

- Calibra sagazmente la personalidad humana, incluyendo la tuya propia.
- Identifica a los subordinados receptivos a los retos competitivos.
- Evita utilizar a los subordinados que pueden convertir la competencia en antagonismo.

Con estas premisas en mente, ahora podemos considerar una situación hipotética que ilustra los saludables efectos de la lucha constructiva de Hesíodo. Imaginemos que una corporación importante necesita idear el medio más eficaz para promover una nueva línea de productos. La unidad encargada de la publicidad está dividida en cuanto a cómo es mejor estructurar la campaña. Un grupo cree que el plan mejor sería establecer una serie de comparaciones incisivas entre el nuevo producto y otros artículos similares de la competencia. Otro grupo, dentro de la división de publicidad, cree que un método de promoción mejor sería una campaña poniendo de relieve el estatus de la corporación, largo tiempo reconocida como líder digna de confianza del sector. En respuesta a esas opiniones divergentes, el directivo se decide por una táctica a la que, a veces, nos referimos como «tensión creativa». El equipo de publicidad es dividido en dos subunidades que reflejan los dos planteamientos diferentes. A ambos grupos se les encarga que creen una campaña detallada, que luego será sometida a la dirección sénior para su evaluación final. El proyecto ganador será la pieza central de una campaña nacional. El líder tiene buen cuidado de presentar los planes en términos competitivos, como una especie de *agon* entre el equipo A y el equipo B.

Los miembros de los equipos son conscientes de la existencia de incentivos económicos especiales destinados al equipo ganador. Además, en toda la organización, se divulga activamente la noticia del «combate».

Con el tiempo, esta promoción crea un cierto alboroto dentro de la compañía, con el resultado de que el proyecto adquiere un estatus especial. Los miembros del equipo empiezan a darse cuenta de que no se trata simplemente de la asignación de otro trabajo más. Se dan cuenta de que toda la organización los está mirando y esperando a ver el resultado de la rivalidad. En consecuencia, los miembros del equipo dedican a la operación un tiempo, esfuerzo y entrega creativa raramente vistos antes. Según avanza el proyecto, los participantes se van comprometiendo de forma cada vez mayor a un nivel personal. El éxito ya no tiene que ver con asegurarse una prima. Se convierte en una cuestión de estima, rango, reputación y orgullo personal. Al final, la campaña ganadora acaba siendo un éxito fantástico, ilustrando los beneficios que puede cosechar una organización al acceder a las energías agonísticas de su personal.

Aunque imaginario, este escenario contiene una importante lección vital. La ambición humana, cuando se gestiona de forma adecuada, puede tener un papel crucial en la consecución de los objetivos de la organización. Implícita en todo esto, está la distinción entre los trabajadores que se limitan a fichar —que se adaptan mecánicamente a los requerimientos de su trabajo diario— y los que están comprometidos de verdad con alcanzar unos niveles excepcionales de rendimiento en el trabajo. Los primeros se contentan meramente con cumplir, mientras que los segundos definen el éxito según un estándar personal cuyos criterios exceden los exigidos por la organización. Una motivación de este tipo, que podríamos llamar «impulsión desde dentro», es un fenómeno muy raro en las instituciones grandes y complejas. Con todo, esa motivación debe llegar a ser un interés fundamental para cualquier auténtico líder, porque el fracaso en explotar las motivaciones de esta clase significa que se le niega a la organización cualquier capacidad real para alcanzar su pleno potencial.

El trabajador antagonista	El trabajador competitivo
Entregado a la mera conformidad y mediocridad	Entregado profundamente a la innovación y la excelencia
Impulso externo: se contenta con cumplir los estándares de rendimiento de la compañía	Impulso interno: se esfuerza en superar los estándares de rendimiento fijados por la compañía

Como ya hemos dicho, el problema de garantizar este grado de dedicación del trabajador no es algo sencillo. Entre una larga lista de variables clave están las siguientes: el líder debe seleccionar cuidadosamente a las personas idóneas para la tarea competitiva; debe idear estrategias que alienten a los involucrados a abrazar el proyecto como si fuera algo personal; debe ocuparse de que la competición no lleve a una enemistad y división permanentes; y, finalmente, debe asegurarse de que los vencidos reciban una parte significativa de reconocimiento y elogios.

Apenas cabe duda de que la motivación del trabajador es un componente crucial del éxito de una organización. El único problema real es si una institución recibe, o no, de sus empleados la entrega que merece. Son demasiados los casos en los que las empresas cuentan sólo con una fracción de la dedicación que necesitan de sus empleados. Uno de los medios más efectivos para invertir esta tendencia es forjar una unión significativa entre la motivación del trabajador y los intereses de la organización, y uno de los mejores medios para lograrlo es encender el fuego de la competición. Los que consigan dominar esas extraordinarias energías que describió Hesíodo no sólo potenciarán los objetivos y propósitos de la organización, sino que también avanzarán mucho en su camino para distinguirse como auténticos líderes.

PAUTAS DE ORO DEL LIDERAZGO

- Como sucede en la sociedad en su conjunto, las corporaciones son propensas al antagonismo (lucha destructiva) y la competición (lucha constructiva). Es tarea del líder encender el fuego de la competición y apagar el del antagonismo.

- Identifica a los subordinados que propugnan el espíritu de la competición; busca siempre la excelencia y alienta la competición que favorece la causa de la organización.

- Evita a los subordinados que se conforman con la mediocridad y tienden a enemistarse unos con otros, amenazando con convertir la organización en un montón de feudos conflictivos y belicosos.

REGLA Nº 7

«Vive de acuerdo a un código superior.»
ARISTÓTELES

De todos los retos a los que se enfrenta un líder conforme las organizaciones corporativas crecen en tamaño y diversidad, hay uno que destaca por encima de los demás: el adecuado alineamiento de la conducta, metas, intereses y actitudes de los subordinados con los de la organización. Sin ese alineamiento, los líderes sólo dirigen sobre el papel. Tienen la autoridad, pero no el poder de dirigir con eficacia. Los subordinados pueden acatar las decisiones del líder públicamente, pero las infringen en privado, con el resultado de que es mucho menos probable que se alcancen los objetivos institucionales.

En estas circunstancias, no puede sorprendernos que se hayan publicado un gran número de trabajos académicos proponiendo todo tipo de soluciones al problema, desde la restructuración burocrática hasta la imposición de sanciones y recompensas, pasando por los controles culturales. Pero ninguna de estas medidas puede rendir los resultados deseados, a menos que los líderes se ganen la confianza de sus subordinados. El problema es que la confianza no surge por casualidad. No la puede forjar un ejército de consultores. Se debe nutrir a lo largo del tiempo y sólo llega a los que obedecen a un código superior de vida. Este es el medio por el cual los subordinados se convierten en seguidores entregados.

Vive de acuerdo a un estándar más elevado de conducta personal; no albergues rencor ni animadversión hacia los que ofenden; mantente dispuesto a ayudar a los que lo necesiten, sin pedir nada a cambio; permanece tranquilo frente a las crisis; vive según tus principios, sin transigir; gánate la confianza, el respeto y la admiración de tus subordinados por tu carácter, no por la autoridad que te confiere el organigrama; convierte la autoridad en poder.

En la historia del pensamiento occidental, pocas voces pueden compararse al tono lleno de autoridad de Aristóteles, lo cual explica que Dante se refiriera a él como «El maestro de los que saben». Tanto por la variedad de sus indagaciones como por la profundidad de sus muchos conocimientos, Aristóteles se considera uno de los mayores pensadores que hayan vivido nunca. A guisa de demostración, sólo es necesario consultar la obra titulada *Ética a Nicómaco,* en la cual presenta un relato detallado de los elementos morales y racionales necesarios para la felicidad humana. En el Libro 4 de ese texto, Aristóteles ofrece el famoso retrato del llamado «hombre magnánimo». Nuestra palabra «magnánimo» tiene su origen en el término latino *magnanimitas,* que se refiere a los sentimientos nobles o elevados. No obstante, el original griego usa la palabra *megalopsuchia,* más expresiva, que significa «de alma grande».

Una gran parte de la descripción de este filósofo ilustra las muchas diferencias que separan la visión moderna del mundo de la antigua. No obstante, hay ciertos rasgos del carácter y la conducta de una persona de «alma grande» que siguen siendo dignos de la consideración moderna y, más específicamente, muy relevantes en la cuestión del liderazgo. Es más, como veremos, se podría incluso argumentar que los que están desprovistos de esos atributos de magnanimidad nunca podrán disfrutar realmente del estatus de un auténtico líder.

Así pues, ¿cuáles son las características definitorias de la persona que Aristóteles define como dotada de un «alma grande»? Lo que está claro desde el principio de la presentación del filósofo es el fuerte sentido de propia valía que siente el individuo con un alma grande. A primera vista, esta actitud podría sugerir una persona egoísta o egocéntrica, pero una lectura atenta del texto de Aristóteles no indica nada así. El hombre o la mujer magnánimos no son narcisistas. Cualquier autosatisfacción que esta persona pueda sentir es totalmente merecida, ya que vive según un código vital más elevado y riguroso que el hombre medio. En otras palabras, los hombres y mujeres que se distinguen tienen derecho a un elevado sentido del yo, pero es precisamente porque han organizado su vida de acuerdo a un estándar más elevado, por lo que no se rebajan a practicar una conducta inmoderada o engreída. Cuando se trata del individuo de alma grande, es el honor personal, no el ego, la prioridad y la preocupación definitivas.

Con esta premisa general en mente, somos libres de preguntar cómo se traduce un código vital elevado en la conducta. Para empezar, Aristóteles deja claro que la persona magnánima es un individuo moralmente en armonía. Como tal, nunca se siente tentado por las insignificantes vanidades que apasionan y desorientan a la mayoría. Las personas de alma grande ven cosas como el dinero, el poder y los títulos con una profunda indiferencia. El hombre o la mujer magnánimos podrían acabar obteniendo esas cosas, pero no como resultado de un intento deshonroso para adquirirlas.

Antes bien, la acumulación de esos bienes es el resultado de la calidad y sustancia de quién y qué es el individuo magnánimo como persona. En otras palabras, es el código de vida en sí mismo, un código cuya prioridad es una existencia digna y regida por principios que tendrá como resultado el logro de estos intereses secundarios.

> **Los hombres y mujeres magnánimos:**
>
> ◆ Son individuos moralmente sagaces.
> ◆ Resisten a la tentación de las insignificantes vanidades que apasionan y desorientan a la mayoría.
> ◆ Son indiferentes a las distinciones de estatus que dan el dinero, el poder y los títulos.

Con el mismo criterio, Aristóteles analiza la relación entre las personas de alma grande y aquellas menos nobles. No hay duda de que los individuos magnánimos aprecian plenamente su propia superioridad en todas esas interacciones. Pero, al mismo tiempo, no se sienten inclinados a hacer alarde de ella. Extraer comparaciones negativas, rebajar o degradar a otra persona quebrantaría completamente el estándar por el que se rigen los hombres y mujeres superiores. Una conducta así, en efecto, haría mucho por invalidar cualquier pretensión de un estatus elevado. En consecuencia, los que son magnánimos de verdad no tienen necesidad ni interés en realzar su ego a expensas de otros.

Al describir el estilo comunicativo de la persona de alma grande, Aristóteles se refiere a un inquebrantable interés por la verdad. A las personas magnánimas les preocupa menos la opinión de los demás que la sinceridad. Por ello, son reacias a teatralizar sus palabras. Hablan con franqueza, sin astucia ni cálculo y, como resultado, todo lo que comunican revela una descripción completa y sin barniz tanto de sus sentimientos como de sus intenciones.

La duplicidad, sea en palabras o en hechos, es antagónica al nivel de nobleza moral que sugiere el uso que Aristóteles hace del término «alma grande».

Otros rasgos característicos de los dotados de un espíritu magnánimo son la negativa a guardar rencor o sentir animadversión contra los que ofenden, estar dispuestos de verdad a ayudar a los que lo necesitan, unido a una fuerte resistencia a buscar ayuda a su vez, y una capacidad constante de permanecer tranquilos y serenos frente a las crisis. Cuando otros reaccionan con miedo y desconfianza, la compostura de los individuos con un alma grande permanece inalterada.

En suma, la persona identificada por Aristóteles como «magnánima» es un hombre o mujer de una estatura moral inusualmente elevada. Como resultado, estas personas viven conforme a un código de vida que las distingue de la mayoría de los humanos. Sus estándares y prioridades tienden a reflejar una preocupación general —el mantenimiento de la integridad personal— y es precisamente por esta razón por la que se puede decir legítimamente que esas personas tienen un «alma grande». Mientras que otros transigen moralmente con rapidez, los magnánimos rechazan esa conducta porque está por debajo de su dignidad personal y, como tal, es indigna de consideración. En resumen, la persona que merece ser designada como de «alma grande» vive una vida regida por principios, gobernada por un apropiado orgullo y un fiel compromiso con la virtud personal.

Las personas magnánimas:

- Viven de acuerdo a un código de vida más elevado que los distingue de la masa de la humanidad.
- Mantienen la integridad personal.
- Nunca transigen en sus valores morales.

Queda por explicar lo que el retrato que hace Aristóteles de la *megalopsuchia* implica para la dirección de empresas moderna. Quizá, la mejor manera de realizar esta tarea sea empezar recordándole al lector que todo sistema social grande y complejo tiene, de hecho, dos identidades. La primera es la organización formal; es decir, todas las estructuras y líneas de autoridad oficiales recogidas en el organigrama. La segunda, la organización informal, que no se refleja en el organigrama; son las actitudes, percepciones y juicios de los empleados, que tienen un papel vital para determinar el éxito o fracaso de la empresa corporativa. Con demasiada frecuencia, los líderes tienden a descuidar el poder y la influencia de la organización informal. Dan por sentado que el personal acatará automáticamente el «sistema», tal como lo exigen las autoridades oficiales de la institución. Lo que no comprenden es el potencial que tienen los empleados para obedecer la letra de la política formal mientras vulneran su espíritu. En otras palabras, la organización informal tiende a tener una mente propia y sus lealtades y compromisos no quedan automáticamente garantizados sólo porque desde arriba se dicte una política dada.

Con esto, no queremos decir que la organización informal tenga la tendencia a infringir abiertamente las directrices de la organización.

No, el fenómeno que describimos es mucho más complejo y sutil. Entraña el peligro muy real de una obediencia meramente mecánica por parte del personal; en otras palabras, los empleados cumplen con sus obligaciones contractuales y nada más. La diferencia entre las compañías que son rentables de forma continuada, que disfrutan de los beneficios de unas innovaciones de vanguardia y que se distinguen como líderes de su sector, frente a las que se limitan a existir en los márgenes es la participación y el compromiso sin reservas de la organización informal. Las organizaciones ganadoras entienden que no es el mandato corporativo lo que crea trabajadores apasionados, sino que estos son el resultado de ciertas características de liderazgo.

Organización formal	Organización informal
«El sistema» tal como lo determina el organigrama	«El sistema» tal como lo perciben los miembros de la organización
Fija la agenda pública de la organización	Fija las agendas privadas de los miembros individuales

Al relacionar estas premisas con el liderazgo, primero es necesario considerar la distinción entre autoridad y poder. La autoridad es algo que confiere la organización formal y que autoriza al directivo a tomar decisiones, resolver disputas y dirigir a los subordinados. A fin de reforzar estas prerrogativas, los que reciben la autoridad suelen ser investidos con los símbolos del cargo que indican un estatus privilegiado; por ejemplo, un espacio de aparcamiento reservado o las llaves de los lavabos para ejecutivos.

El poder, por otro lado, es una idea más amplia que la de esa autoridad asignada oficialmente. Implica la capacidad general de influir en las opiniones y la conducta de otros, incluso sin contar con un título oficial. Con frecuencia, se da el caso de que los que carecen de autoridad formal tienen una cantidad considerable de poder.

Es más, en determinadas circunstancias los subordinados pueden disfrutar realmente de más influencia tangible que sus supervisores. La explicación se encuentra en la distinción que presentábamos antes entre la organización formal y la organización informal. La primera está en posición de especificar quiénes tienen autoridad, mientras que la segunda tiende a determinar quién tiene el poder real. De hecho, en términos estrictamente operacionales, quizá no sea excesivo decir que los miembros del personal tienen la capacidad de facto para determinar quiénes serán los auténticos actores en casi cualquier organización. Considerando esto, es esencial que las instituciones traten de investir de autoridad a los que disfrutan del poder que les ha concedido la organización informal.

Sin esta convergencia de autoridad y poder no se puede contar con un liderazgo efectivo ni con que se logren los objetivos de la compañía.

Pero ¿cómo se hace para identificar a los que podrían combinar eficazmente el respaldo tanto de los aspectos formales como de los informales de la organización? Sobre esta cuestión, no hay que buscar más allá de las páginas de Ética a Nicómaco, de Aristóteles. Específicamente, la figura descrita allí como el hombre o la mujer magnánimos es un candidato modelo a la fructífera unión de autoridad y poder.

Autoridad	Poder
Descripción estrecha y formal del árbol de toma de decisiones, tal como lo determina el organigrama	Definición amplia e informal del árbol de toma de decisiones
Reforzado con prerrogativas, etiquetas del cargo y título	Entraña la capacidad general de influir en las opiniones y conductas de otros, incluso sin título oficial

En este sentido, el auténtico reto reside no en investir a algún ejecutivo de una autoridad formal, sino en identificar a la persona capaz de ganarse el respeto y la admiración de la organización informal.

La revisión de las características definitorias del hombre o la mujer magnánimos ofrece una sugerente imagen de quién sea probablemente esa persona. Imaginemos una persona cuya dedicación a los principios no conoce compromisos. Un compañero modelo, digno de confianza, franco, que detesta practicar cualquier conducta que pudiera ser interpretada como deshonrosa, una persona cuya prioridad es mantener un estándar personal de integridad más que anotarse puntos, con vistas a avanzar en su carrera.

Consideremos la influyente reputación que una persona así tendría dentro de la organización. Consideremos, también, el potencial que podría tener para moldear las opiniones y motivaciones de sus compañeros. Ahora consideremos el efecto que ese hombre o esa mujer podría tener si, además de estas cualidades personales, estuviera también dotada oficialmente de autoridad. Imaginemos un líder que disfrutara del respaldo entusiasta tanto del lado formal como del informal de la organización. ¿No garantizaría este respaldo conjunto la máxima probabilidad de éxito institucional?

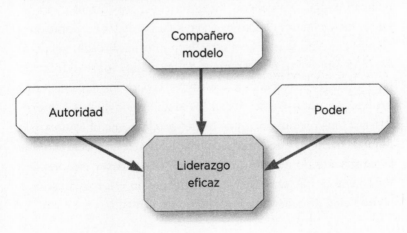

Debería estar claro lo que todo esto implica para una noción adecuadamente informada del liderazgo. El auténtico liderazgo tiene poco que ver con el boato de la autoridad. Un ejecutivo podría ocupar un despacho lujoso y muy codiciado, pero seguir sin tener ninguna capacidad significativa para liderar. La razón, como ya hemos planteado, está relacionada con factores de carácter y personalidad que ningún título oficial puede conferir. Es inevitable que los ejecutivos que consiguen abrirse paso como sea hasta la cima, pero que lo hacen sin principios, vean cómo, con el tiempo, sus deficiencias saldrán al descubierto. Esto es debido a que son incapaces de asegurarse la confianza, el respeto y la admiración de sus subordinados, todos ellos aspectos que los auténticos líderes saben que son esenciales. Por esta razón, los líderes legítimos coinciden, en mayor o menor grado, con el retrato que hace Aristóteles del hombre o la mujer magnánimos. En algún estrato de su conciencia de directivos comprenden que tener fama de ser íntegros es un bien valiosísimo en la economía administrativa de cualquier institución.

Además, reconocen que esa clase de reputación es un estatus único concedido sólo a los que se han consagrado a un estándar más elevado de conducta personal. En resumen, aprecian el hecho de que tanto la sabiduría como la utilidad se encuentran en la magnanimidad. No debería sorprendernos, por lo tanto, que algunos de los líderes de más éxito en algunas de las corporaciones de más éxito no se limiten a estar bien informados sobre el desarrollo de productos o la dinámica del mercado. Sobre todo, están bien informados respecto a sí mismos. Y para los que creen que los fines corporativos justifican los medios, por ilícitos que puedan ser esos medios, creemos que el producto de la astucia y la duplicidad nunca pueden equipararse a los maduros beneficios de la integridad; un aspecto que los auténticos líderes comprenden totalmente y que se perderá para los que no están inclinados a vivir la vida de acuerdo a un código más elevado.

Reconocemos que todo esto suena muy bien, pero ¿qué hay de una situación en la que al directivo le resulta imposible mantener su integridad personal y, sin embargo, seguir siendo visto como un activo por los accionistas y ejecutivos séniores? No se puede negar que una discrepancia así se puede dar fácilmente en el lugar de trabajo. A pesar de que cada situación es única de cada contexto dado, ofrecemos la siguiente pauta general. Dada la naturaleza competitiva del mundo empresarial, la rigidez moral no es práctica ni deseable. No se pagan salarios a los directivos para que se pongan en evidencia, a la vista de todos. En consecuencia, es preciso desengañar de sus pretensiones moralistas a los que niegan tercamente los dictados realistas de un pragmatismo equilibrado. Si, a pesar de todo, el único medio de satisfacer a los accionistas es reajustar de un modo fundamental nuestra brújula moral, arriesgar nuestros valores y principios básicos, entonces quizás haya llegado el momento de desempolvar nuestro currículum vítae.

La sensatez de explorar alternativas profesionales en estas circunstancias se puede buscar en dos aspectos. Primero, deberíamos preguntarnos cuál es el probable futuro de una empresa de dudosa reputación. Las instituciones moralmente manchadas siempre parecen olvidar que hay castigos inevitables para la perfidia; ¿quién quiere hacer negocios con Babilonia? Segundo, los que han hecho de la integridad un aspecto distintivo de su vida, los que defienden algo y comprenden el auténtico valor de las cosas no deberían, nunca, permitir que nada ni nadie empañara ese logro. Las organizaciones para las que vale la pena trabajar comprenden que los hombres y mujeres que viven de acuerdo a un orden más elevado son unos activos valiosísimos de los que no se pueden permitir carecer.

PAUTAS DE ORO DEL LIDERAZGO

◆ Comprende la estructura formal e informal de tu organización.

◆ Se consciente de que un liderazgo efectivo exige el dominio tanto de la organización formal como de la informal.

◆ Supervisar la organización formal es la parte fácil, ya que el organigrama traza las líneas de autoridad y concede al líder un estatus oficial.

◆ Dirigir la organización informal es la parte difícil, ya que el estatus oficial de la dirección no puede garantizar que los subordinados cumplan, en privado, las decisiones del líder.

◆ Lo que puede garantizar ese cumplimiento es la integridad de tu carácter, un código de vida más elevado que convierta a tus subordinados en seguidores fieles. ¿Eres digno de su lealtad?

REGLA Nº 8

«Evalúa siempre la información
con ojo crítico.»

Los escépticos

Cuando se trata de valorar información, ninguna organización se puede permitir ser complaciente. Para empezar, dados los avances tecnológicos, los conocimientos y la información cambian constantemente. Como resultado, lo que ayer podía ser un saber generalizado hoy ya no es válido. Por añadidura, los líderes capaces entienden que deben considerar las circunstancias que dieron forma a la información. Incluso los medios usados para transmitir esa información deben ser examinados críticamente. Los líderes no deben dar nunca por sentado que la información que reciben está limpia de designios ocultos u objetivos políticos. En consecuencia, deben suspender su juicio hasta haber evaluado críticamente los datos.

No confíes en viejas premisas, declaraciones y teorías. Cultiva un modo de pensar crítico que no acepte nada a primera vista, certifica la credibilidad y la utilidad de la información crucial, analiza el contexto que produce esa información y a los mensajeros que la transmiten, y nunca hagas juicios precipitados.

Cualquiera familiarizado con el espíritu y el método de la filosofía de la Antigua Grecia comprende que la indagación abierta era su sello distintivo y que era específicamente esta voluntad de buscar la verdad de un modo nuevo y sin restricciones lo que distinguía a los griegos del resto en la Antigüedad.

Mientras otros pueblos antiguos cargaban con las limitaciones impuestas por las opiniones recibidas, los griegos insistían en que, como decía Sócrates, «la vida no examinada no vale la pena vivirla». No obstante, con el tiempo, incluso el pensamiento griego llegó a tener incrustados una serie de supuestos dogmáticos que eran incongruentes con la búsqueda de la verdad fundamental en su cultura.

Al final, estas convicciones no demostradas fueron puestas en duda por un movimiento filosófico conocido como escepticismo, que rechazaba las afirmaciones de los dogmáticos sobre el conocimiento. Aunque no constituyeron un grupo reconocible hasta el siglo III a.C., cuando se hicieron con el control de la Academia de Atenas, los fundamentos del escepticismo eran, también ellos, una característica profundamente arraigada de la filosofía griega. Desde sus comienzos, la tendencia a dudar y cuestionar fue un rasgo característico de la tradición filosófica antigua. Se pueden encontrar sus rudimentos en una época tan lejana, por lo menos, como las especulaciones presocráticas de Heráclito y Jenófanes y es más claramente evidente entre pensadores sofistas como Protágoras y Gorgias. No obstante, es Sócrates, sobre todo, quien debe ser reconocido como principal responsable de recordarnos que debemos permanecer vigilantes contra las vanidades de la sabiduría, que todos nos sentimos fuertemente inclinados a suponer que comprendemos cosas que, en verdad, no alcanzamos a comprender realmente. Esta posición explica la famosa respuesta de Sócrates cuando el Oráculo de Delfos lo identificó como el más sabio de los griegos: «Sólo sé que no sé nada». En otras palabras, Sócrates es sabio porque no está hinchado con la presunción de saber.

No te hinches con la presunción de saber

• Permanece vigilante contra las vanidades de la sabiduría.

• Cuestiona siempre las cosas que te sientes inclinado a dar por supuestas.

• Conoce las limitaciones cualitativas del saber.

Esta es la lógica general que fue adoptada por los escépticos y convertida en la directriz fundamental de su batalla contra la convicción intelectual sin base. Al lanzar su ataque, los escépticos plantearon una actitud mental crítica que creían que debía convertirse en una característica estándar del arsenal cognitivo de cualquier persona pensante. La esencia de esta mentalidad crítica se refleja en el antiguo término *epoche*, que se refiere al paréntesis o «suspensión de juicio».

Lo que los escépticos ponían de relieve en su defensa de este concepto era la necesidad de controlar una tendencia casi refleja a llegar a conclusiones precipitadas, asignar el estatus de verdad a unas ideas, teorías y explicaciones que no merecen esa atribución.

Su alternativa era una concepción probabilística de la verdad ofrecida como antídoto para una dudosa certidumbre.

Digamos, por ejemplo, que una organización está desarrollando un nuevo producto, que se debe sacar al mercado en los próximos doce meses. Los antiguos escépticos insistirían en que se planteara el siguiente tipo de preguntas: ¿qué probabilidades hay de que la unidad de I+D complete el trabajo en la fecha prevista? ¿Qué probabilidades hay de que seamos los primeros en sacar a la luz esta nueva tecnología? ¿Qué probabilidades hay de que el producto garantice el cinco por ciento de cuota de mercado que necesitamos? La virtud de este planteamiento reside en su capacidad para atemperar los supuestos de una información especial, expresando continuamente la naturaleza tentativa de las declaraciones de conocimientos. De forma específica, ofrece un cálculo dedicado a producir más cautela y menos convicción, lo cual puede, a su vez, ayudar a establecer la sensatez de pensar en las contingencias (es decir, el plan B); algo que todo auténtico líder debería tener fácilmente disponible. En resumen, los escépticos advierten de que las posibilidades de certidumbre son más complejas y elusivas de lo que tendemos a imaginar y que, como resultado, se debe ejercer una considerable cautela para no formular juicios apresurados. Aunque estas ideas se pueden encontrar en un movimiento filosófico que tiene más de dos mil años, siguen mereciendo nuestra consideración hoy; en particular, ofrecen una premisa de crucial importancia para los directivos modernos.

Desarrolla un modo de pensar crítico

- No llegues a conclusiones precipitadas.
- Reexamina siempre las ideas, teorías y explicaciones convencionales.
- Entiende que la certidumbre es más elusiva de lo que tendemos a suponer.

Adoptando la advertencia cautelar contenida en la idea de *epoche* del escepticismo, los líderes contemporáneos están en disposición de aumentar de forma sustancial su eficacia. Para empezar, la idea del paréntesis o del aislamiento temporal de una información tiene el efecto beneficioso de desacelerar el proceso mediante el cual se avala una información. En lugar de conceder a los datos un sello automático de aprobación, la información se segrega y se convierte en objeto de evaluación crítica.

Al inspeccionar los datos de esta manera, al someterlos a la luz, por así decir, un líder puede certificar la credibilidad y utilidad de la información, antes de que se incluya en el proceso de toma de decisiones. Lo ideal sería que cualquier política siguiera estas líneas, pero la verdad es que la mayoría de los responsables modernos de la elaboración de políticas raramente atienden los consejos de los antiguos escépticos. Con demasiada frecuencia, decisiones importantes se basan en premisas examinadas inadecuadamente, premisas basadas más en una inercia conceptual que en una evaluación meticulosa. Cualquier líder que haya experimentado las consecuencias de una política fracasada sabe, a posteriori, lo vitalmente importante que es entender de forma realista los supuestos operacionales de una política dada. Si estas suposiciones son falsas, si se basan en el modo de pensar acostumbrado, sin el beneficio de una reflexión crítica, entonces esa política tiene pocas perspectivas de alcanzar un auténtico éxito. En resumen, es importante reconocer que los supuestos dogmáticos no son una dolencia exclusiva de los filósofos. Las grandes organizaciones son igualmente capaces de presentar propuestas y puntos de vista carentes de fundamentos legítimos, basados en los hechos. El líder sagaz comprende todo esto y procede con cautela, cuando se trata de certificar la credibilidad de datos esenciales para la tarea de tomar decisiones. Él o ella reconocen que los riesgos del dogmatismo corporativo son muy reales y que tienen el potencial de encaminar la política por un rumbo equivocado, reduciendo así radicalmente las perspectivas del éxito institucional.

Además de recordarnos los peligros inherentes a las afirmaciones dogmáticas, los antiguos escépticos también daban un consejo más amplio: la formación de un hábito mental crítico que no acepte nada a primera vista. En muchos aspectos esta incitación a dudar, a preguntar e investigar contiene una sabiduría inmensamente importante de la que ningún líder se puede permitir carecer. Ya no nos referimos a las trampas de los supuestos dogmáticos, sino a una serie de variables informativas adicionales que, con frecuencia, acompañan a datos en apariencia neutros.

Una parte importante del mensaje más amplio del antiguo escepticismo es que necesitamos desengañarnos del mito de la información impoluta. Un gran parte de lo que tendemos a aceptar como verdad y exactitud incontrovertibles es, en realidad, todo menos eso. Con frecuencia, tanto el contexto como el medio de expresión contienen significados oscuros e intenciones ocultas que no se detectan con facilidad a primera vista. En este sentido, incluso las llamadas pruebas «sólidas», como los datos estadísticos, tienen que ser cuidadosamente analizados. En ciertas circunstancias, se puede hacer «bailar» también a los números de un modo que guarda poca relación con una realidad objetiva.

Un líder efectivo debe, por lo tanto, desarrollar una mirada bien entrenada en el arte de decodificar las sutilezas de la comunicación. Entre los muchos aspectos que un líder debe estar preparado para examinar detenidamente, están el origen de la información y su probable credibilidad, los métodos empleados para compilar los datos, el grado en que los que aportan la información procesaron o filtraron los datos brutos, el historial institucional de la persona o grupo que suministra los datos y la posibilidad de que planes ocultos de naturaleza política o psicológica hayan corrompido la integridad de esos datos. Estrictamente hablando, ningún líder se puede permitir ser complaciente cuando se trata de evaluar la información necesaria para actuar con eficacia. En todos estos casos, el ejecutivo debe proceder según el supuesto de que es raro que la información recibida sea neutral, objetiva o esté limpia de factores que pueden obstaculizar en gran medida la capacidad del líder para llegar a unas conclusiones exactas y productivas.

Como ejemplo, tomemos la adquisición de Countrywide Financial por parte del Bank of America, en medio de la crisis de las *subprime* (hipotecas basura). Se suponía que la compra de esta compañía hipotecaria de rápido crecimiento sería un billete para acceder rápidamente al mercado hipotecario, un campo natural de expansión para un banco con muchos fondos disponibles para prestar. Pero, por el contrario, esa compra fue el «cebo envenenado» para el Bank of America y la firma financiera se convirtió en el símbolo de los excesos del mercado hipotecario. ¿El problema? La inexistencia de la debida diligencia; nadie se molestó en investigar los auténticos pasivos de Countrywide. El resto es historia.

Maneja la información crítica con escepticismo

♦ Desengáñate del mito de la información impoluta.

♦ Comprende siempre el contexto: las condiciones y circunstancias que producen una información crucial.

♦ Evalúa siempre a los mensajeros que transmiten la información.

La lógica de suspender el juicio sigue siendo muy atractiva para los líderes modernos. Entre otras cosas, nos recuerda que las afirmaciones, interpretaciones y análisis que recibimos raramente son tan verdaderos o imparciales como pretenden ser. Por lo tanto, junto con muchas otras habilidades, es imperativo que el líder llegue a ser experto en descifrar la información que recibe. Además, es muy aconsejable que esta misma mentalidad crítica se cultive tanto como sea posible, en toda la organización. Lo ideal sería que todas las instituciones crearan un equipo completo de evaluadores de la verdad que actuaran con la premisa de que poca, si acaso alguna, información se puede tomar como una verdad evidente por sí misma. Si se puede lograr algo en este sentido, la organización habrá avanzado mucho para inmunizarse contra los efectos contraproducentes de premisas ilusorias y distorsiones dogmáticas, algo a lo que debe aspirar todo auténtico líder.

PAUTAS DE ORO DEL LIDERAZGO

♦ No se pueden dar por definitivos los conocimientos ni la información fundamentales, en especial en un mundo que cambia con tanta rapidez. Por esta razón, hay que estar preparados para revisar la información constantemente.

♦ Cada día, la realidad pone a prueba premisas, creencias, modas y políticas exitosas, y puede hacer que lleguen a ser irrelevantes. Por esta razón, debemos mantener siempre una mente abierta, en lugar de dejarnos guiar por supuestos dogmáticos.

♦ La información fundamental es sensible al contexto que la produce y a los mensajeros que la distribuyen. Por esta razón, debemos cultivar la costumbre de examinar detenidamente toda información crucial. Estemos siempre atentos al contexto, las fuentes y los canales por los que circula la información.

REGLA Nº 9

«Nunca subestimes el poder
de la integridad personal.»

SÓFOCLES

El éxito profesional es la meta de todo líder. No obstante, hay dos maneras de triunfar: la fácil y la difícil. La fácil entraña la negación de principios y de la integridad. Este planteamiento puede rendir algunos beneficios rápidos, a corto plazo, pero al final suele resultar en perjuicios, tanto para la organización como para el líder. Esto es así porque ninguna corporación se puede beneficiar cuando la ambición que ciega y la codicia que embriaga se convierten en la moneda del reino. Al final, el camino más difícil, representado por una conducta ética, producirá resultados superiores tanto para la empresa como para el ejecutivo.

Nunca subestimes el poder de la integridad personal; establece planes honorables; adhiérete a un código de conducta profesional; no trates nunca de justificar la falta de honradez ni la mentira; más vale fracasar con honor que ganar mediante el engaño.

Junto con Esquilo y Eurípides, Sófocles (496-406 a.C.) fue uno de los grandes autores trágicos de la Grecia clásica. Aunque se dice que escribió 123 obras, sólo siete han sobrevivido. Una de ellas, *Edipo Rey*, es quizás la más famosa de las tragedias antiguas. Fue elegida nada menos que por Aristóteles como representante ideal del género trágico, aunque no logró ganar el primer premio en el concurso del año 429 a.C.

Los argumentos de las obras de Sófocles nunca son sencillos y deberíamos resistirnos a la tentación de reducirlos a fórmulas o patrones fijos. Normalmente, reflejan una serie de complejas interacciones entre las deficiencias humanas, por un lado, y las oscuras intenciones divinas, por el otro. Dado que estas son, como mucho, percibidas tenuemente por los héroes y heroínas de la escena griega, el resultado es esa forma peculiar de sufrimiento que llamamos «trágica». Dentro de esta estructura general, en el año 409 a.C., Sófocles escribió una obra titulada *Filoctetes,* un trabajo que creemos que todos los ejecutivos deberían leer y considerar atentamente. Los dos personajes principales de este drama son Neoptólemo y el famoso héroe de Troya, Ulises. Desde el principio, está claro que estas dos figuras se yuxtaponen no sólo como personalidades diferentes, sino, también, como representantes de orientaciones vitales totalmente distintas. Neoptólemo es hijo de Aquiles, quizás el más grande de los héroes griegos. Es un joven de principios puros para quien el honor y la integridad son los principales intereses de la vida. Por el contrario, Ulises es un hombre famoso por su capacidad de seducir el espíritu de otros con sus hábiles palabras. En la literatura antigua se le suele describir como poseedor de *metis*, que significa «astucia» o «malas artes». Debemos observar que este término no implica sabiduría ni perspicacia intelectual. Por el contrario, indica la astucia y la malicia del zorro. En resumen, Ulises es alguien con malas artes y engaños resuelto a poner en peligro la integridad del joven Neoptólemo.

A lo largo de la obra, Ulises propone un plan deshonroso, tan viejo como la propia humanidad, que se cita hoy con la misma frecuencia (quizá más) que se citaba en la Antigüedad. Es la idea de que el fin justifica los medios, que una persona tiene derecho a practicar cualquier conducta que sea necesaria para lograr sus objetivos. En otras palabras, que no deberíamos permitir que las preocupaciones morales fueran un obstáculo para satisfacer la necesidad de un logro práctico. En respuesta a este seductor razonamiento, el joven Neoptólemo responde: «Preferiría incluso fracasar con honor que ganar mediante el engaño».

El mal camino al éxito

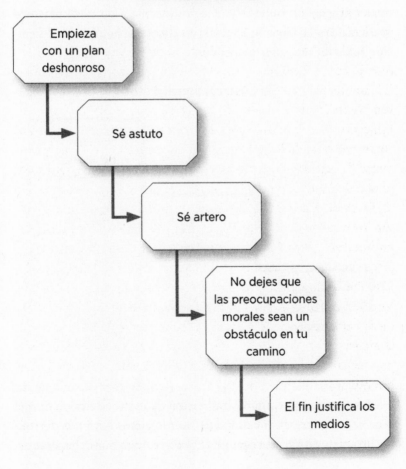

Tanto en palabras como en contexto, el *Filoctetes* de Sófocles consigue reflejar una de estas cuestiones intemporales que los cínicos y los idealistas llevan debatiendo desde tiempos inmemoriales. ¿Cuál es el rumbo correcto en la vida? ¿Es el camino de la mínima resistencia moral o es el camino del honor y la rectitud? Llegados a este punto, debería quedar claro que alentamos decididamente el segundo, pero no lo hacemos porque creamos ingenuamente en la eficacia de elfos y unicornios. No, defendemos el «camino elevado» porque creemos que, a la larga, demostrará ser más útil, más productivo y más gratificante a un nivel personal para el líder. Dicho simplemente, creemos que la integridad siempre rinde los mayores dividendos.

El buen camino al éxito

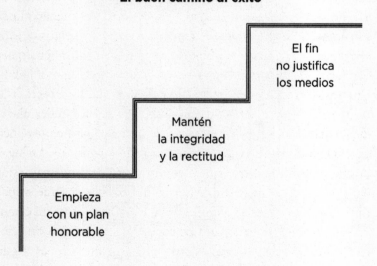

El fin
no justifica
los medios

Mantén
la integridad
y la rectitud

Empieza
con un plan
honorable

Es probable que poco, si acaso algo, de este razonamiento encuentre eco en los cínicos a ultranza, dada su convicción de que «en el mundo real» el camino de los principios lleva a la derrota y el fracaso. Según esta opinión, el éxito es algo que debe ser atrapado por cualquier medio que sea necesario y esto incluye métodos desprovistos de escrúpulos. De hecho, se dice que cualquier ejecutivo que permite que las consideraciones morales ofusquen sus ideas le entrega a la competencia ventajas potencialmente devastadoras. En efecto, el cínico arguye que el ejecutivo es una especie de general que debe conducir todos los asuntos empresariales con un espíritu bélico, un espíritu dentro del cual todo es lícito y justo. Las víctimas y los daños colaterales son, simplemente, consecuencias inevitables del combate y deben ser aceptados como parte de los costes de hacer negocios.

Algo por el estilo es la tradicional respuesta ofrecida a cualquiera que sugiera un planteamiento éticamente más sensible de la vida administrativa. Nuestra contestación a los que invocan este argumento del «mundo real» es sencillamente esta: para un auténtico líder, la deshonestidad, la duplicidad y el engaño nunca son actividades justificables. Comprendemos que algunos directivos tengan una capacidad asombrosa para racionalizar cualquier conducta, sin importar lo dañina que pueda ser. Pero esta habilidad para engañarse a sí mismos no cambia nada respecto a lo incorrecto de las actividades inmorales. De hecho, indica claramente que un ejecutivo con esas inclinaciones ha hecho muy poco para intentar seguir el dictado de «conócete a ti mismo». En lugar de dedicarse al duro trabajo de comprenderse a sí mismas, estas personas fabrican una serie de razonamientos ficticios que, a continuación, se esfuerzan en creer. Para los que carecen de un genuino sentido del yo, los códigos de conducta son siempre situacionales, fluidos y están sujetos a espectaculares alteraciones, según dicten las circunstancias. En resumen, estos individuos carecen de cualquier sentido significativo de normas o estándares morales. Huelga decir que esta carencia no es una cualidad envidiable para nadie. Por añadidura, una estrategia de vida así suele dar como resultado poco más que unos beneficios a corto plazo, porque los que habitualmente se permiten la cínica comodidad de entrar y salir de esos comas morales naufragarán, de un modo inevitable, en todas las facetas de su vida, incluyendo la profesional.

Los auténticos líderes:

♦ Se mantienen alejados de la deshonestidad, la duplicidad y el engaño.
♦ No tratan de racionalizar una conducta nada ética.
♦ No se permiten caer en comas morales.

En este sentido, comparemos y contrastemos el historial profesional de dos líderes muy diferentes. El ejecutivo A no se limitó a escalar el escalafón corporativo, sino que se abrió paso a hachazos hasta la cima, de una manera despiadada, que acabó dándole muy mala fama. Desde el principio, una ambición ciega y sin límites determinó cada una de sus decisiones y juicios. En algún momento de su trayectoria, este ejecutivo llegó a creer que los «principios» eran cosa de los perdedores y que los que los convertían estúpidamente en un aspecto de su vida profesional no serían nunca más que líderes de segunda fila. Ahora, en mitad de su carrera, estaba completamente convencido de que lo alto que llegues depende de lo bajo que estés dispuesto a hundirte. Pese a sus numerosos esfuerzos por disfrazar y desviar muchos actos cuestionables, se ha corrido la voz de que es un individuo en el que no se puede confiar.

Al principio, esta opinión es sostenida casi exclusivamente por sus subordinados, pero, con el tiempo, incluso miembros de más alto nivel de la organización empiezan a comprender que hay otra cara en la reputación de «conseguir que se haga el trabajo» que tiene esta persona. Cada vez más, al personal sénior le preocupan una serie de consecuencias potencialmente negativas asociadas a confiarle proyectos importantes, que van desde bajones de la moral corporativa a posibles problemas legales. El vicepresidente sénior para recursos humanos habla en nombre de muchos en la organización al afirmar que la situación es «de lo más desafortunada» en cuanto que esta persona tiene una evidente capacidad, pero está ya tan manchada éticamente que se ha convertido en una especie de paria corporativo.

De forma creciente, el veredicto de la organización respecto al ejecutivo A es que es un bien tóxico, pese a sus capacidades.

La figura corporativa alternativa, el ejecutivo B, es una persona para quien la brújula moral no es meramente un interés conveniente, sino una convicción profundamente sentida, que se evidencia en todos los aspectos de la vida, incluyendo la conducta profesional. Nada en su historial laboral apuntaría ninguna inclinación hacia un artero pragmatismo, un hecho que es reconocido en toda la organización. Es más, este ejecutivo disfruta de una reputación estelar por su integridad, transparencia y franqueza. Todos los que han trabajado con él saben muy bien que se trata de alguien con el que se puede contar para que actúe sistemáticamente con lealtad a los principios, alguien cuya palabra se puede tomar como una garantía inviolable. No es de extrañar que este directivo haya acumulado crédito y confianza en toda la organización. Tanto los superiores como los subordinados no sólo están dispuestos, sino ansiosos de tener la oportunidad de asociarse y colaborar con el ejecutivo B.

Cada vez más, el liderazgo sénior ha llegado a respetar y valorar a este ejecutivo como alguien que no sólo consigue que se haga el trabajo, sino que es capaz de despertar una entrega y lealtad genuinas en el personal; todo lo cual contribuye a un creciente consenso corporativo sobre que esta persona es una estrella en alza con un futuro muy brillante.

Promoción profesional baja	Promoción profesional alta
Empieza con una ambición ciega e ilimitada	Empieza con una sólida convicción en una conducta profesional
Avanza sin respetar la lealtad y los principios	Avanza respetando la lealtad y los principios

Demasiados ejecutivos corporativos tienden a creer que la lealtad a los principios es un obstáculo para los resultados. En público, de labios afuera, quizá canten las virtudes de «seguir el camino recto», pero, por convicción personal, desechan cínicamente las cuestiones éticas como un impedimento para llegar al éxito. Creemos que estas opiniones no son solamente cortas de vista; entendemos que son letales para el éxito institucional. En la economía más amplia de la vida corporativa, los rasgos negativos como el miedo, la sospecha, el engaño, etcétera, son cánceres que, de forma inevitable, impiden defender los intereses sea de la organización o del directivo. Cuando la traición y la malicia llegan a arraigar en una cultura corporativa, es seguro que esa institución perderá la motivación y la lealtad de su gente. A corto plazo, puede parecer que algunas de estas actitudes llenas de doblez rinden dividendos, pero al final acarrean, invariablemente, las mayores desgracias para la organización, así como para los ejecutivos manipuladores. Respecto a los que creen que nuestras afirmaciones son exageradas, con todo el respeto ofrecemos la siguiente lista de ejecutivos que pensaron lo mismo: Kenneth Lay, Dennis Kozlowski y Bernie Madoff, entre otros.

Cuando la traición y la malicia se apoderan de la cultura de una organización:

- La institución pierde la motivación y la lealtad de sus miembros.
- Se socava la confianza en el liderazgo.
- El resultado es el infortunio para la organización y para los ejecutivos manipuladores.

En resumen, es esencial que ningún líder menosprecie o descarte la sabiduría transmitida en la tragedia de Sófocles; a saber, que la honradez, la veracidad y la integridad son aspectos de la credibilidad humana de un valor incalculable. Sin esa credibilidad, ningún ejecutivo puede esperar alcanzar nunca el estatus de un auténtico líder. En definitiva, de las muchas cosas que una persona valora en la vida, nada es más valioso (o más productivo) que el buen nombre. En consecuencia, alentamos al líder moderno a seguir el ejemplo de Neoptólemo y no el resbaladizo camino que lleva a comprometer la moral defendido por Ulises.

PAUTAS DE ORO DEL LIDERAZGO

- Lidera con honor, sinceridad e integridad, no con malicia, engaño y palabras arteras.

- La brújula moral no debe ser una conveniencia, sino un convencimiento profundo que guíe todos los aspectos de nuestra vida personal y profesional.

- Seguir un camino moral puede causar dolor a corto plazo, ya que, al principio, suele parecer que el fraude y el engaño vencen al honor y la integridad. Pero ese camino puede aportar beneficios a largo plazo, ya que, al final, el honor y la integridad derrotan al fraude y el engaño.

- Prefiere «fracasar con honor que ganar mediante el engaño».

REGLA Nº 10

«El carácter es el destino.»

HERÁCLITO

El «carácter» es la esencia de la filosofía del liderazgo. El conjunto de valores que propugnan los líderes, las prioridades que defienden el código vital que rige su vida dan forma al futuro de la organización que dirigen.

> «El carácter es el destino»; el auténtico liderazgo empieza dentro de uno, no fuera.

Nacido en una distinguida familia de la ciudad-Estado de Éfeso, Heráclito (535 – 475 a.C.) es uno de los filósofos presocráticos más interesantes. En la Antigüedad fue famoso por sus frases crípticas, que parecían tan ambiguas como cualquier cosa dicha por el Oráculo de Delfos, y por sus cáusticas valoraciones lanzadas contra los que tenían fama de doctos y sabios.

Entre los ejemplos de las primeras, están las siguientes: «El camino hacia arriba y el camino hacia abajo es uno y el mismo» y «El trueno rige el universo», y de las segundas, su opinión de que los grandes poetas como Homero y Arquíloco debían ser apaleados y expulsados de los concursos poéticos. En la Antigüedad, observaciones como estas le ganaron dos famosos epítetos. Uno era el término griego *ho Skoteinos*, que significa «el oscuro», una referencia a la densa oscuridad asociada a muchas de sus máximas. El otro se refiere a una presunta melancolía que se dice que sufría como resultado del incurable apego de la humanidad a las ideas absurdas y ridículas. Esta supuesta depresión le ganó el título de «filósofo llorón».

Aunque parece que Heráclito se interesó por una gran variedad de cuestiones filosóficas, hay un campo en particular en el cual se puede decir que fue más famoso: su doctrina de la unidad de los contrarios. Al parecer, desde el principio mismo de sus indagaciones racionales, los antiguos griegos creían que debajo de la visible confusión de objetos físicos y movimientos aleatorios había un «cosmos» u orden unificador. Este supuesto se veía impulsado por una decidida negativa a ver el mundo como poco más que un caleidoscopio de fenómenos discordantes. Motivados por esta convicción, iniciaron su búsqueda para descubrir el fundamento racional de la existencia. Para Tales, esa realidad subyacente era el agua; para otro pensador, llamado Anaxímenes, era el aire la sustancia cohesiva que daba unidad y orden al mundo. Heráclito adoptó un planteamiento diferente.

En lugar de identificar un elemento natural (el agua, el aire, etcétera) como la unidad que proporcionaba el sustrato del mundo, su comprensión del cosmos se centraba más en el proceso. Específicamente, Heráclito defendía que el torbellino y el caos que percibimos en el mundo son principalmente productos del error humano. Heráclito no negaba la naturaleza muy dinámica del universo; es más, según Platón, proponía una teoría del cambio constante, *panta rhei* («todo es fluir»). Pero, aunque puede ser cierto, como decía, que la «naturaleza ama esconderse», sus muchos gestos transformadores no son tan inconexos ni faltos de método como podría parecer. La verdad es que el aparente desorden es parte de una armonía bien calibrada, en la cual el cambio en una parte del sistema se equilibra con alteraciones correspondientes en otra parte. Hay, en resumen, una especie de economía cósmica en el universo que une y unifica la existencia convirtiéndola en un todo coordinado e integral.

Es significativo que aquí no haya cabos sueltos. Nada queda excluido de esta compleja y ordenada red de interrelaciones. Y fue la permanente incapacidad de la humanidad para comprender este orden constante lo que provocó las famosas acusaciones del filósofo contra los llamados «sabios».

El esquema presentado por Heráclito no es simplemente una meditación sobre las operaciones mecánicas de la naturaleza. También nosotros estamos sujetos al mismo sistema de acciones y reacciones, y es en este contexto donde Heráclito ofreció el aforismo que sirve como punto central de nuestro capítulo final. La fuente original de la cita es, sin ninguna duda, su libro *Sobre la naturaleza*, donde abordaba una amplia serie de cuestiones que incluían temas científicos, políticos y metafísicos. Por desgracia, el libro se ha perdido, pero dos autores posteriores, por lo menos, (Plutarco y Juan Estobeo) certifican la autenticidad de la frase «El carácter de un hombre es su destino».

El concepto de «destino» tiene una serie de implicaciones muy sugerentes, todos las cuales guardan relación con el modo en que comprendemos el papel y la importancia de la voluntad humana. Hay muchos que ven el sino o destino como una fuerza inexorable en los asuntos humanos. Según esta opinión, nuestras decisiones o actos son poco más que gestos impotentes que no tienen ningún efecto material sobre el alcance o calidad de nuestra vida; la voluntad humana, por bien informada o disciplinada que esté, no puede alterar los inexorables mandatos del destino. No puede sorprendernos que, con frecuencia, los que subscriben esta opinión adopten actitudes pasivas, si no fatalistas, hacia la vida. Substituyen la idea de libre albedrío por imágenes de hombres y mujeres que son juguetes de fuerzas predeterminadas que no se pueden comprender ni controlar. Por así decirlo, estamos reducidos a ser meros pasajeros en el viaje de la vida. Cada ser humano tiene asignado un asiento, así como un destino, pero el cómo y el porqué siguen estando, lamentablemente, más allá de nuestro entendimiento.

Dos visiones del destino

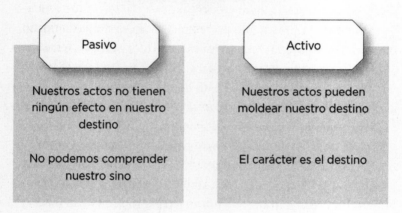

Pasivo	Activo
Nuestros actos no tienen ningún efecto en nuestro destino	Nuestros actos pueden moldear nuestro destino
No podemos comprender nuestro sino	El carácter es el destino

Como mínimo, estas perspectivas ofrecen una valoración bastante sombría de la condición humana. Sin embargo, son más corrientes de lo que se podría pensar. Pregúntese, por ejemplo, con cuánta frecuencia ha oído a compañeros, amigos o familiares decir algo como lo siguiente: «Lo que tenga que ser, será»; «Era inevitable que pasara algo así»; «Nadie tiene la culpa; fue el destino». ¿Cómo hemos de comprender estos sentimientos y, más específicamente, cómo hay que entenderlos a la luz del aforismo de Heráclito?

Observaciones como estas son más que un poco desconcertantes, en cuanto que señalan la futilidad del esfuerzo humano. Si, realmente, somos poco más que peones de un enorme juego de ajedrez cósmico, cuya lógica y resultado es imposible comprender, entonces, ¿de qué sirven nuestros planes, nuestros empeños, nuestros esfuerzos? ¿Por qué no entregarnos, sencillamente, a las enigmáticas fuerzas que gobiernan de forma implacable nuestra vida?

Es justo esta clase de pensamiento sumiso lo que Heráclito quiere refutar. La idea de que el «carácter es el destino» indica que, en cierta medida significativa, somos los arquitectos de nuestro propio destino, que la voluntad, el propósito y la decisión humanos importan de verdad. No queremos decir que esté garantizado que toda actividad u objetivo en la vida cumplan las aspiraciones humanas. Sin duda, hay muchas circunstancias en la vida que están fuera de nuestro control —incluyendo algunas que implican graves desgracias— y son justo esos episodios los que alimentan la impresión de que un destino aciago está perpetuamente dispuesto a conspirar contra nosotros. Pero, incluso aquí, si examinamos con atención los detalles que subyacen a estas ocasiones ominosas, con frecuencia descubriremos que, detrás del lamentable suceso, hay una actividad humana poco meditada, no un destino maligno. Tomemos, por ejemplo, al esquiador que se ve arrastrado por una avalancha, o el golfista que muere al ser alcanzado por un rayo.

¿Qué probabilidades hay de que esto suceda? ¿No son ejemplos clásicos de cómo un sino maligno puede imponer, brutalmente, su dictamen sobre el inocente? Lo que no consideramos en situaciones así es el hecho de que el esquiador no hizo caso de las alertas sobre el alto riesgo de avalanchas para el día en que murió, y que el golfista insistió en completar su ronda, pese a la evidente presencia de nubes de tormenta. Con mucha frecuencia, lo que, a primera vista, parece una demostración totalmente arbitraria y caprichosa de la dura mano del destino resulta ser un desastre que fabricamos nosotros mismos. El esquiador y el golfista perecen no porque sus nombres estuvieran escritos en el «Libro del Destino»; se les acabó el tiempo porque eligieron unas opciones imprudentes que aumentaron en mucho sus probabilidades de sufrir heridas graves o morir.

Esperemos que las implicaciones del epigrama de Heráclito se vayan aclarando. En la mayoría de casos, no somos marionetas bailando al ritmo de un sino inmisericorde. Aunque podemos sentirnos muy inclinados a identificar el destino como origen de todas nuestras decepciones y nuestros fracasos, la verdad es que mucha de la responsabilidad es invariablemente nuestra. Es una parte importante del mensaje contenido en la afirmación de que el «carácter es el destino». Quién sea una persona —los valores que defiende, las prioridades que abraza, el código vital por el que vive— tiene, inevitablemente, un papel significativo para determinar la calidad y sustancia de su vida. Para bien o para mal, el carácter tiende a ser el principal determinante que influye prácticamente en cada faceta de la experiencia humana; influye en todo, desde nuestras relaciones personales hasta nuestra vida profesional.

El carácter es el destino

- Los valores, las prioridades y el código de vida personales determinan la calidad y la sustancia de la vida.
- Las relaciones personales y profesionales reflejan el carácter de los involucrados.

Es preciso dejar claro cómo se usa el término «carácter» en este contexto. Sin matices, debe entenderse que la palabra denota la esencia moral de una persona. Los que tienen un «buen» carácter son personas que reconocen y respetan los derechos de los demás, que tienen el valor de aceptar la responsabilidad de sus propias deficiencias y que actúan siendo leales a un código personal de conducta que dota de sentido e integridad a su vida. En otras palabras, los hombres y las mujeres de buen carácter han invertido el tiempo y la energía necesarios para evaluar y desarrollar su potencial como seres humanos auténticos. Creemos que esos esfuerzos son los elementos básicos del destino, en el sentido de que las personas de buen carácter acaban disfrutando de una sabiduría única que se deriva de una profunda comprensión propia; es decir, de conocerse a sí mismas. Es, sobre todo, esta sabiduría lo que ayuda a moldear el destino de los que hemos definido como auténticos líderes. Creemos, también, que los que son deficitarios en esta sabiduría basada en el carácter nunca comprenderán la gama completa de su potencial, sea como ejecutivos o como personas. Aquí, nos referimos específicamente al personal administrativo que busca, de forma habitual, el compromiso moral como primera opción y que define el liderazgo como poco más que una oportunidad para ejercer una autoridad despótica. Las mentalidades así son también la sustancia del destino, un destino plagado de oportunidades malgastadas y posibilidades no aprovechadas.

¿Qué forja el carácter de un auténtico líder?

- El reconocimiento y respeto de los derechos de los demás.
- El valor para aceptar la responsabilidad de nuestras propias deficiencias.
- Una profunda comprensión propia; «conocerse a sí mismo».

En conclusión, creemos que Heráclito estaba en lo cierto al insistir en que somos, en muy gran medida, autores tanto de nuestras acciones brillantes como de nuestros defectos. Reconozcamos que, en ocasiones, hay situaciones en las que somos víctimas de circunstancias completamente fuera de nuestro control. Pero estos episodios adversos son mucho menos comunes de lo que, con frecuencia, nos inclinamos a creer. En última instancia, los defectos y la responsabilidad están, con mayor frecuencia, en nuestras manos y no en las de las estrellas; Shakespeare y Heráclito estaban de acuerdo en este punto. La utilidad de esta información no se les escapará a los auténticos líderes. Esos hombres y mujeres comprenden que su sustancia (carácter) como personas influirá directamente en su «destino» como directivos. Por añadidura, reconocerán que un carácter bien formado es la valiosísima recompensa concedida a los que han hecho el duro trabajo de llegar a conocerse a sí mismos.

PAUTAS DE ORO DEL LIDERAZGO

- El «destino» de una organización no se basa en las estrellas.

- El carácter de los líderes de una organización determina el destino de una compañía.

- El carácter de un auténtico líder es el resultado de una filosofía de la vida cuidadosamente elaborada.

- La filosofía de un líder está constantemente presidida por consideraciones morales.

Epílogo

El auténtico liderazgo no es simplemente una cuestión de credenciales académicas. Lo que distingue al auténtico líder, al hombre o la mujer que marca una diferencia tangible en el trabajo, de un mero administrador es una serie única de perspectivas y valores. Mientras otros se enredan en detalles y trivialidades, los auténticos líderes emplean métodos y enfoques que reflejan una claridad y percepción que sólo surgen de una vida bien examinada. Usando principios como los que ofrecemos aquí, tejen hábilmente una tela con un sólido fundamento filosófico que enriquece y dignifica su vida. Por esta razón, los auténticos líderes son, invariablemente, una parte indispensable de la fórmula del éxito de cualquier organización.

Los autores tenemos la esperanza de que las páginas anteriores hayan demostrado una cosa por encima de todo. No hay ninguna «vía regia» al liderazgo. Por el contrario, alcanzar el rango de auténtico líder es una tarea de enormes proporciones que, para la mayoría, será un reto imposible. Entre otras cosas, significa un proceso de autoevaluación intimidatorio, en el cual se iluminan esas verdades ocultas que todos tendemos a ocultar celosamente. Por añadidura, exige una especie de reciedumbre moral que hace que unas normas éticas se conviertan en las características que regulan la vida de una persona. En resumen, el liderazgo requiere una forma especial de valor: el valor de «conocerte a ti mismo» y

135

el valor de elaborar un código de conducta gobernado por la fe en los principios.

1. **Conócete a ti mismo.** Comprende tu mundo interior, con sus luces y sus sombras, sus puntos fuertes y débiles. Comprenderse a uno mismo es un requisito fundamental para el auténtico liderazgo.

2. **El poder desenmascara al hombre.** Asumir la autoridad saca a la luz el mundo interior del líder. Revela si se ha sometido a un proceso de sincero autodescubrimiento que permitirá la aplicación productiva del poder.

3. **Nutre a la comunidad en el lugar de trabajo.** El desarrollo y un sentimiento positivo de comunidad son virtudes que los líderes deben nutrir ofreciendo el apoyo, la orientación y los incentivos correctos.

4. **No malgastes tu energía en cosas que no puedes cambiar.** No desperdicies recursos y energías en cosas que no puedes controlar y, por lo tanto, no puedes cambiar.

5. **Abraza siempre la verdad.** Los líderes eficaces deben abrazar siempre la verdad, alentar siempre las críticas sinceras en toda la organización, dudar de las valoraciones halagadoras y no dejar, nunca, que la autoridad les distancie de la verdad.

6. **Deja que la competencia revele el talento.** Nutre un ambiente donde se puedan usar las fuerzas de la competencia de forma constructiva, crea una plataforma que libere el ingenio y la creatividad de los empleados para perseguir las metas y objetivos de la corporación, identifica a los subordinados que usan la competencia como fuerza constructiva, aléjate de los que la usan como fuerza destructiva.

7. **Vive de acuerdo a un código superior.** Practica un estándar más elevado de conducta personal, no albergues rencor ni animadversión hacia los que ofenden; mantente dispuesto a

ayudar a los que lo necesitan, sin pedir nada a cambio; permanece tranquilo frente a las crisis; vive según tus principios, sin transigir; gánate la confianza, el respeto y la admiración de tus subordinados por tu carácter, no por la autoridad que te confiere el organigrama; convierte la autoridad en poder.

8. **Evalúa siempre la información con ojo crítico.** No confíes en viejas premisas, declaraciones y teorías. Cultiva un modo de pensar que no acepte nada a primera vista, certifica la credibilidad y utilidad de la información crucial, analiza el contexto que produce esa información y a los mensajeros que la transmiten, y nunca hagas juicios precipitados.

9. **Nunca subestimes el poder de la integridad personal.** La integridad personal es un activo fundamental para el auténtico liderazgo. Establece siempre planes honorables, adhiérete a un código de conducta profesional, no trates nunca de justificar la falta de honestidad ni la mentira, prefiere «fracasar con honor que ganar mediante el engaño».

10. **El carácter es el destino.** En última instancia, el auténtico liderazgo tiene su origen en factores de carácter e integridad personal; gran parte de lo que llamamos «destino» está en nuestras manos, no en fuerzas misteriosas fuera de nuestro control.

Para concluir: los autores reconocemos que a algunos lectores lo que hemos presentado aquí les parecerá ingenuamente idealista, pensarán que lo que proponemos parece ir en contra del sentido común. Queremos asegurar a quienes piensen así que no tenemos la costumbre de luchar contra molinos de viento. Comprendemos totalmente la dura realidad y las oscuras verdades de la vida administrativa: los politiqueos, las intrigas, las traiciones. En consecuencia, no respaldamos modelos apocados de gestión, del mismo modo que tampoco creemos que unas cuantas palabras de aliento hagan que todo se vuelva «dulzura y luz». Pero, al mismo tiempo, estamos seguros de que la consecución de los objetivos corporativos conlleva mucho más que una manera poco escrupulosa de entender el término «conveniencia». Estamos convencidos de que, en última instancia, el éxito duradero tiene su origen en esos raros hombres y mujeres que, en virtud de sus conocimientos e integridad, son capaces de hacerse acreedores de la lealtad y la entrega de sus subordinados. Según nuestro modo de pensar, el fracaso en ver las cosas de esta manera constituye la verdadera ingenuidad, así como el máximo impedimento para construir una empresa con sentido.

Sobre los autores

Michael A. Soupios es profesor de filosofía política en LIU Post (Escuela de Posgrado de la Universidad de Long Island), donde ha impartido clases y ocupado una serie de puestos administrativos desde 1977. Autor de numerosos artículos y trabajos, Soupios también ha escrito cinco libros, entre ellos *Las 10 reglas de oro del liderazgo* (con Panos Mourdoukoutas). Además, tiene ocho títulos universitarios, entre ellos cuatro doctorados. Entre sus ámbitos de especialidad, está la historia, los clásicos, la filosofía, la ciencia política y la religión. Ha dirigido seminarios y conferencias en todos estos campos. Soupios reside en East Northport, Nueva York, con su esposa Linda.

Panos Mourdoukoutas es profesor y director del Departamento de Economía en LIU Post, en Nueva York. Ha publicado varios artículos en publicaciones y revistas profesionales, entre ellas Forbes.com (donde tiene su propia columna), *Barron's*, *The New York Times*, *Japan Times*, *Newsday*, *Plain Dealer*, *Edge Singapore*, *European Management Review*, *Management International Review* y *Journal of Risk and Insurance*. Asimismo, ha publicado doce libros, entre ellos *Las 10 reglas de oro del liderazgo* (con Michael A. Soupios). Ha viajado por todo el mundo dando conferencias y seminarios para organizaciones privadas y gubernamentales. Sus intereses se centran en los mercados, los negocios, la estrategia de inversiones mundiales y el éxito personal.

MEIATONEN
VERDE 5 Mg
DORmismis